歴史文化ライブラリー

44

最後の女帝 孝謙天皇

瀧浪貞子

吉川弘文館

目次

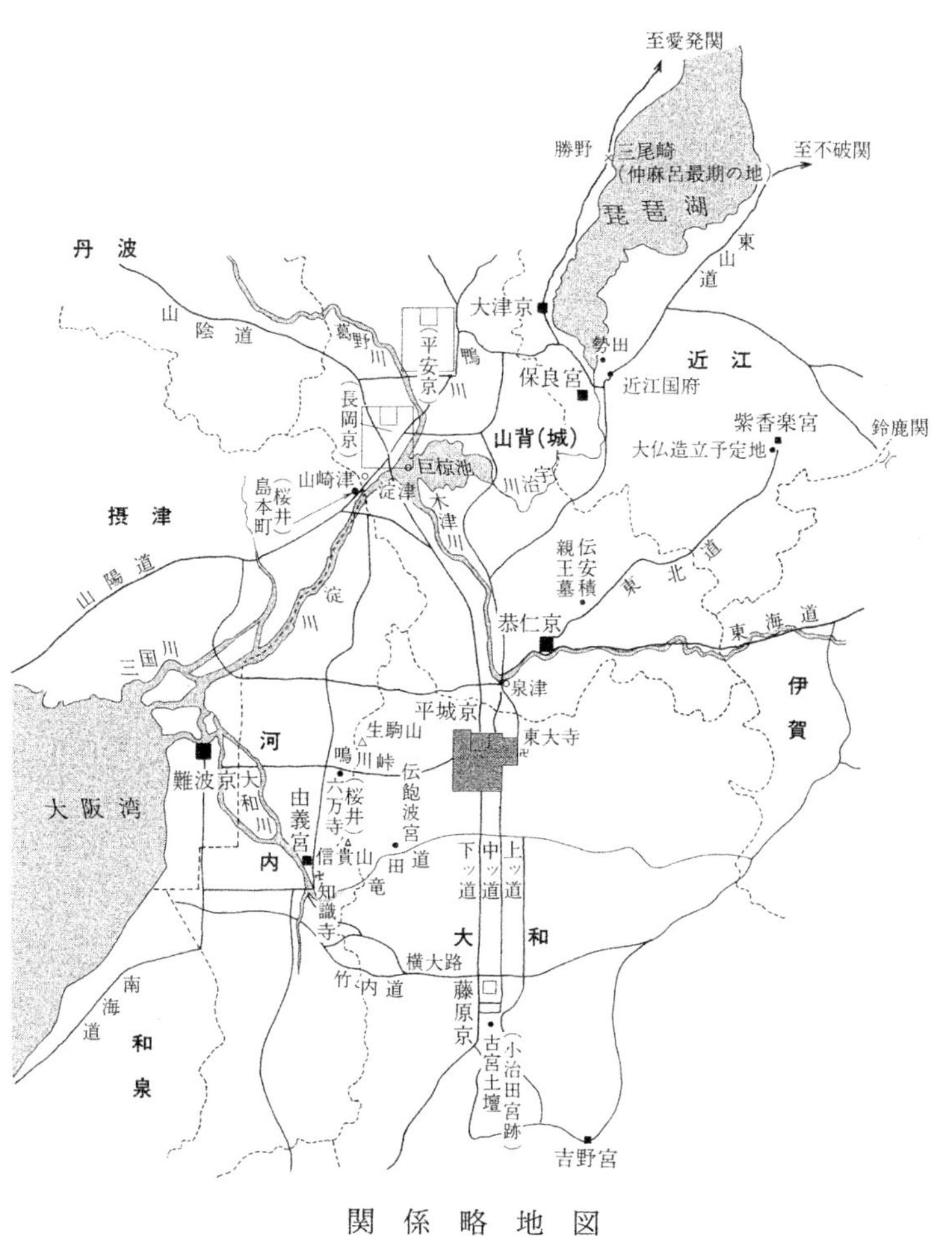

至愛発関
勝野
三尾崎
（仲麻呂最期の地）
至不破関
琵琶湖
丹波
山陰道
葛野川
（平安京）
鴨川
大津京
東山道
勢田
近江
保良宮
近江国府
（長岡京）
山背（城）
紫香楽宮
大仏造立予定地
鈴鹿関
巨椋池
山崎津
島本町（桜井）
淀津
宇治川
摂津
木津川
伝安積親王墓
山陽道
淀川
東北道
恭仁京
東海道
三国川
泉津
伊賀
平城京
生駒山
東大寺
河内
鳴川峠
伝飽波宮
難波京
大和川
六万寺（桜井）
由義宮
大阪湾
信貴山
竜田道
下ツ道
中ツ道
上ツ道
知識寺
大和
横大路
竹内道
藤原京
南海道
和泉
古宮土壇
（小治田宮跡）
吉野宮

関係略地図

基王の死

今から思えばわたくしの運命は、その時から変った、というより狂い始めたのでした。それは弟の、あまりにも早すぎた死です。

弟は基王(もとい)と申しました。弟の名について、後世では「基」を「某」の誤記とみなし、早くからわからなくなっていたとみるむきもあるようですが、「基」には「いしずえ」との意が込められており、それは「首(おびと)」皇子と呼ばれた父聖武の諱(いみな)（幼名）に対応する佳名だったと思うのです。名なしではかわいそうですので、ここでは弟を基王と呼んでやって下さい。

申し遅れました。わたくしは基王の姉の阿倍(あべ)内親王です。わたくしたち二人は聖武と藤原不比等(ふひと)の娘、光明子(こうみょうし)を父母として生れた実の姉弟です。わたくしは養老二年（七一八）に生れ、弟は神亀四年（七二七）生れですから、九歳違いです。弟が生れた時には、祖父の不比等はもう亡くなっていましたが（七年前）、待望久しい皇子でしたから、両親はもとより藤原氏の人たちの喜びようは大変なものでした。その証拠に生後三二日目の十一月二日、早々と皇太子に立てられています。生後一ヵ月の皇太子とは、

聖武一族の陵墓

聖武天皇皇太子那富山墓（奈良市）　2歳の誕生日を待たずに没した基王の墓

それまでに例のないことでした。

ところがその喜びも束の間、弟は翌神亀五年九月十三日、誕生日（閏九月二十九日）を待たずに亡くなってしまいました。

法令では七歳以下の幼児の喪礼は行わないことになっておりますので（『養老仮寧令』）、弟の場合も三日間の心喪（しんも）（心の中で喪に服すること）ですまされました。遺骸は那富山（なほやま）（奈保山）に葬られました。いま奈良市の北郊、ドリームランドそばの小高い丘陵がそれです。近くには両親はじめ元明（げんめい）・元正（げんしょう）両女帝の陵墓があり、父祖に見守られるように眠っています。もっとも弟の墓はそのつもりで探さないとわからないかも知れません。墓標のかたわらから細い道を上ると、雑木林の中に玉垣に囲まれた円墳があるはずです。

弟の死はわたくしたちにとって大変なショックでしたが、それに輪をかけるような心配事が起りました。相前後して異母弟の安積（あさか）親王が誕生したことです。母親の名は県犬養広刀自（あがたいぬかいのひろとじ）といい、わたくしの祖母三千代の一族です。藤原氏の血をうけた基王が亡くなり、県犬養系の皇子が生れるとは……。祖父母たちがこういう事態を予測していなかったとは思えないのですが、歴史の皮肉とはこういうことをいうのでしょうか。そしてこれを境に、皇位をめぐる陰湿な争いが始まったのです。

それにしても基王がふつうに育っておれば、なにごとも起らなかったし、わたくしが女帝になることもなかったでしょう。

しかし御承知のように、わたくしは天平勝宝元年（七四九）七月、父聖武の譲りを受けて皇位につきました。以来二一ヵ年、その間一度は位を退いたものの、あえて淳仁（じゅんにん）天皇を廃して重祚（ちょうそ）するという希有の体験もいたしました。わたくしが未婚で皇嗣のなかったことが紛糾の原因です。そしてわたくしが古代では最後の女帝になってしまいました。

女帝は六世紀末の推古以来、皇極（斉明）・持統・元明・元正をへてわたくしに至るまで六人（八代）が立ちましたが、わたくしを最後に、ふたたび登場することはありません。ずっとのちになって江戸期に明正（めいしょう）・後桜町の二女帝が即位いたしますが、政治的な意味合いはうんと違いましょう。

わたくしは自分の置かれた立場や役割の重大さを自覚し、それに添うよう努力したつもりです。そのことは、わたくしの言動を虚心に調べてもらえばわかるはずです。わたくしがたびたび詔（みことのり）を出したのも、自分の考えをわかってほしかったからです。先入観なしでわたくしを理解してほしい、本当にそう思います。でも道鏡との関係からのちの人びとは、研究者を含めて、わたくしに「仏教狂いの女帝」とか「堕落した女帝」といったレッテルを貼ってきました。それは今—読者の方々の時代でも変らないのではありませんか。わたくしはそういった酷評や非難に慣れっこになってしまいました。

そんな時耳にしたのが、この本の著者がわたくしの実像を明らかにしたいと心ひそかに期しているという話です。いろいろ新しい見方を打ち出したいとのことです。そこでわたくしは、この著者に賭（か）けてみることにしました。父祖の時代から説き起こし、わたくしに至るとのことなので、この際わたくし自身も自分のことを見直してみたいと思っています。

でも、どんなわたくしになるのでしょうか。

父と母たち

西暦	年号	(年齢)	
718	養老2	(1)	**誕生**（阿倍内親王）
720	養老4	(3)	藤原不比等(63)没
721	養老5	(4)	元明上皇(61)没．井上内親王斎宮に卜定．藤原房前内臣に任
722	養老6	(5)	多治比三宅麻呂・穂積老事件
723	養老7	(6)	三世一身の法発布
724	神亀元	(7)	元正天皇譲位・聖武天皇即位．長屋王左大臣に任．藤原宮子称号一件
727	神亀4	(10)	基王誕生，基王立太子．井上内親王伊勢に下向
728	神亀5	(11)	基王(2)没．安積親王誕生
729	天平元	(12)	長屋王事件，王(46.54とも)自刃．光明子立后
738	天平10	(21)	立太子
749	天平勝宝元	(32)	即位
758	天平宝字2	(41)	譲位
762	天平宝字6	(45)	出家
764	天平宝字8	(47)	重祚
770	宝亀元	(53)	没

「不改常典」の申し子

年歯幼稚

阿倍内親王（孝謙女帝）の父、首皇子（のちの聖武天皇）が立太子したのは和銅七年（七一四）六月のことである。時に一四歳。首の父珂瑠皇子（軽とも。のちの文武天皇）は一五歳で立太子し、半年後には即位している。首皇子の場合も、望むなら、わずか一歳違うだけのことだし、この時点で即位がまったく不可能というのではなかったろう。ところが翌霊亀元年（七一五）九月、元明女帝が禅譲したのは、皇太子の首皇子ではなく、元明の娘で、首皇子にとっては叔母にあたる氷高内親王であった。元正女帝である。

孫の首皇子をそのまま皇太子の地位に留めて、氷高内親王を即位させたことは、この氷高が、首皇子に即位の要件がそなわるまでの「中継ぎ」天皇であることを表明したものといってよい。

もっとも「中継ぎ」ということでは、元明自身がそうだった。元明の子、文武が亡くなった時、首皇子はまだ七歳であった。文武（二五歳）が死の直前、母の元明（四七歳）を後継者に指名したのも首が幼なすぎたからで、元明は首皇子の即位を実現するためだけに女帝になったといって過言ではない。

ところが元明は、孫の首皇子ではなく、娘の氷高に譲位した。譲位に際して下した元明の詔には、「皇太子に譲らんと欲すれども、年歯幼稚にして、未だ深宮を離れず」（『続日本紀』）とある。首に皇位を譲りたいが、まだ年少すぎるというのである。この詔の文言から、首皇子には精神的・人格的な欠陥があるために即位が躊躇され、そこで元明は氷高（元正）に譲位したとみる意見が出されている。しかしかりにそれが事実であったとしても、将来天皇となるべき皇子の欠陥をあえて天下に表明するはずがない。皮相な見方というべきで、わたくしは採らない。

文武の先例があるとはいえ、首皇子が一四歳で即位するには貴族たちの間になお根強い抵抗があったのである。

表から明らかなように、文武以前では、天皇の年齢は三〇歳以上というのが即位の要件とされていた。これは大王や天皇が諸豪族を統括し執政する上で、一定の年齢に達していることが不可欠であったことを示している。一五歳で即位した文武は異例中の異例であった。そのために祖母の持統は上皇として文武を後見し、共治体制をとらねばならなかった。この皇位継承上の異例の措置が、藤原氏（不比等）が権力の中枢に食い込むきっかけになったといってよい。

欠陥の表明では有り得ないが、元明は首の「年歯幼稚」をことさら強調しているかにみえる。これは首への皇位継承を使命とする元明の立場と矛盾するかのようであるが、そうではない。この時期元明の目指すところは、首皇子の即位を急ぐより、皇太子としての立場を固め、その環境をつくることにあったからである。

天皇即位の年齢

神武	52	反正	71	皇極*	49
綏靖	52	允恭	71	孝徳	50
安寧	29	安康	53	斉明**	62
懿徳	44	雄略	39	天智	43
孝昭	32	清寧	37	弘文	24
孝安	36	顕宗	36	天武	44
孝霊	53	仁賢	40	持統 称制	46
孝元	60	武烈	10	文武	15
開化	51	継体	58	元明	47
崇神	52	安閑	66	元正	36
垂仁	41	宣化	69	聖武	24
景行	84	欽明	31	孝謙*	32
成務	48	敏達	35	淳仁	26
仲哀	84	用明	46	称徳**	47
応神	71	崇峻	45	光仁	62
仁徳	57	推古	39		
履中	82	舒明	37		

*は重祚した天皇．文武以前では安寧・武烈・弘文を除いてすべて30歳以上であり，問題のある応神以前を除いても，30歳以上が即位の要件であったと考えてよい（村井康彦「王権の継受－不改常典をめぐって－」『日本研究』1）．

首皇子の即位が控えられた背後には、年齢の問題を含めてさまざまな政治的思惑が働いていたというのがわたくしの判断である。それを理解する糸口は、元明の譲位前後に打ち出された一連の措置にある。

元正即位の背景

その一は、譲位の二年前、和銅六年（七一三）十一月に、故文武天皇の嬪（ひん）（下級のキサキ）であった石川刀子娘（とねのいらつめ）および紀竈門娘（かまどのいらつめ）の嬪号を剝奪したことである。その理由について『続日本紀』には記すところがないが、皇子のなかった竈門娘はともかく、刀子娘所生の広成・広世皇子はこの処置によって臣籍に降され、自動的に皇位継承の資格を失ったことになる。その結果、首皇子が文武の唯一の皇子となり、皇位継承上のライバルはいなくなった。はたせるかな首皇子は、それから七ヵ月後に立太子している。嬪号の奪取はまさしく首皇子の立太子実現のためであったことを知る。

その二は、これと併行して翌七年正月、二品であった氷高内親王に食封（じきふ）一〇〇〇戸が加増されたことである。令制に定める二品内親王の食封（封戸（ふこ））は三〇〇戸であるから、いかに破格の扱いであったかがわかろう。これは同じ日に増封された長（なが）・舎人（とねり）・新田部（にいたべ）の三親王（いずれも二品）がいずれも二〇〇戸であったことをみても明白である。氷高の立場が別格であることを天下に表明したものであり、やがて実現する即位につながる措置であったことはいうまでもない。事実、首の立太子が実現した翌霊亀元年（七一五）正月、氷高に一品が授けられ、その八ヵ月後に即位している。

このようにみてくると、この即位に至る氷高の扱いはすべて首の皇太子としての地歩を固めることにあり、したがって女帝としてのこれからの役割も首の即位を実現すること、すなわち中継ぎにあったことも明らかである。そしてこうした配慮が必要だったのは、皇太子の立場がなお不安定であったことによる。

あらためて述べるまでもなく、これまでの皇太子は、天皇の補佐として国政に参画することはあっても、次期皇位継承者としての資格が必ずしも保証されていたわけではない。皇太子が立てられていながら、天皇の没後、皇位をめぐる紛争がたえなかったし、また即位できなかった事例も少なくない。その点、皇太子首皇子も例外ではなかった。「年歯幼稚」を理由に皇太子位に〃据え置いた〃のは、そうすることで貴族たちのコンセンサスを取りつけつつ、皇位継承者としての地位を確固たるものにすることにあったといってよい。

事実、一〇年におよぶ首の皇太子時代を通じて、皇太子の立場は明確になっている。

長屋〃親王〃の藩屏化

元明の譲位の過程で、もう一つ見逃せないことがある。首が立太子し、氷高が一品に叙されたあとの霊亀元年（七一五）二月、元明の勅により、吉備（きび）内親王所生の男女に対して「皆皇孫の例に入れたまふ」（『続日本紀』）との措置がとられていることである。

吉備内親王は元明の娘で、氷高内親王の妹にあたる。長屋王と結婚し、その間に三子がいた。したがって皇孫（天武天皇の孫）である長屋王との間に生れた諸子は、当然皇曾孫（三世王）扱いであったが、それを吉備所生に限って特別に皇孫（二世王）待遇にしたというものである。

姉、氷高内親王への叙品がなされた翌月のことであり、表向きは待遇面で姉妹間のバランスを図ったものとみられるが、その真意は長屋王に対する政治的配慮にあったと考える。勅には述べていないが、子供が皇孫（二世王）として扱われるのであれば、当然父の長屋王は「親王」（一世王）の待遇を受けることになる。つまりこれは、皇親序列における長屋王やその子供たち（吉備所生）の立場を格上げするための措置であったといってよい。長屋「親王」と書かれた木簡が出土したことから、それは僭称であり、長屋王が権勢欲の持主であった証拠とする見方が近時出されているが、いささか短絡にすぎるのでないか。親王の呼称を用いて不都合でない条件は、むしろ上から与えられたことを知るべきである。用いて僭称というものではない。

また右の厚遇策から、長屋王の皇位継承上の立場が強められた（あるいはそれを意図したもの）と考えるなら、それも正しい認識ではない。もしそうなら、首皇子の即位実現を妨げるような条件を元明みずからが作り出したことになる。これは有り得ないことである。

首皇子の即位を使命とした元明にとって、もっとも避けたかったのが、皇位をめぐる内紛であった。前述のような経緯で皇太子首を次期皇位継承者とみる認識はほぼ定着していたであろうが、血筋の上では天武の孫である長屋王をはじめ、王と吉備内親王との間に生れた子供らは無視できない存在であった。その長屋王に対してとった元明の措置は、長屋王を厚遇することで身内意識を強めさせ、王をいわば「皇室の藩屏（はんぺい）」として位置づけることにあったとみる。しかしそれは同時に、王一家に重要な譲歩――皇位継承権の放棄を迫ることでもあった。そして王もまたそれを了承した、というのがわたくしの理解である。長屋王に対する扱いはこれ以後一貫しており、王もまた自分の果すべき役割を十分認識し、その立場を逸脱することはない。その意味でこの時の措置は、首即位に向けて打たれた（のちに述べるが藤原房前を取り込むことと合せて）最終的な布石といってよいであろう。

首皇子の「幼稚」を名目に次々に打ち出された元明の施策は、一見まわり道のように思えるが、その実、首の立太子や即位に向けて周到に計画されたものであり、しかも大事な点は、不比等在世中は、藤原氏の意向にも添う形で実現されていることである。

三宅麻呂・老の事件

話をもう一度氷高内親王の即位時に戻す。即位は和銅八年（七一五）九月のことで、年号も霊亀と改められた。元正はこののち九年間在位するが、その経緯から容易に推測されるように、在位中の実権は上皇元明が保持していた。

その元明上皇が没して四〇日後、養老六年（七二二）正月二十日、事件が起っている。『続日本紀』に、

正四位上多治比真人三宅麻呂謀反を誣告し、正五位上穂積朝臣老乗輿を指斥すといふに坐せられて、並びに斬刑に処せらる。しかるに皇太子の奏によりて、死一等を降して、三宅麻呂を伊豆島に、老を佐渡島に配流す。

とみえる。これは多治比三宅麻呂が、具体的には分らないが、何者かを謀反の疑いありと誣告（事実を偽って告訴すること）したことが、「乗輿」すなわち元正女帝を名指しで非難した穂積老の一件に関わりありとして罪に問われ、ともに斬刑に処せられるところを皇太子首皇子の助命で死一等を減じ、三宅麻呂は伊豆へ、老は佐渡に配流されたという事件である。ちなみに老たちは聖武朝に降り、天平十二年（七四〇）六月の大赦によって入京を許されるが、三宅麻呂の名は見えない。おそらく配流地で没したものと思われる。また入京者の中に多治比真人祖人とあるのは与同した一族であろうか。

事件を起した二人の経歴は明らかでないが、この時三宅麻呂は民部卿兼河内国摂官に就いており、老は式部大輔であったと思われるから、現役の役人であった。

この事件はいったい何であったのか。端的にいえば、それは元正天皇の皇位継承に対する異議申し立

て、すなわち元正朝の否定であった。それが元明上皇の崩御が引き金となって一挙に噴出したのである。元明の崩御の日、ただちに愛発・不破・鈴鹿三関の固関（関所を警固させること）が行われたのも、不測の事態が予想されていたからであろう。

それにしても母元明と同様に女帝として即位した元正を否定する動きが出たのはなぜか。元明と元正との間に女帝としてどのような違いがあったのか。

従来女帝は、推古にしても持統にしても、即位以前は皇后の地位にあった。元明の夫、草壁皇子も皇太子であったから、草壁が早死せずに即位していれば元明も皇后になったはずである。とすれば元正が他と違うのは唯一未婚だったことしか考えられない。たしかに未婚の女帝は、女帝の伝統にはなかった。この事件は、それを正統な皇位継承者とは認めない、そういう風潮があったことを示している。

一般にはほとんど注目されることのないささやかな事件であるが、この多治比事件のもつ意味は重大である。同じように未婚の女帝となる阿倍内親王の運命を暗示しているのではないか。

予断をもってはならないが、阿倍内親王の将来が案じられる。

聖武と不改常典

これまで阿倍内親王の父、聖武が即位するまでの経緯をみてきたが、それにしてもじつにさまざまな問題がおきていたことが知られると思う。しかもこの間、養老四年（七二〇）八月三日に右大臣藤原不比等が六三歳で没し、翌五年十二月七日には元明上皇も亡くなっている。元正に譲位して六年目のことで、元明は六一歳であった。聖武への中継ぎの役目を元正に託したのも、自らのために残された時間が長くないことへの不安があったからであろう。その元正は神亀元年（七二四）二月、首皇子に譲位し、任を果している。聖武朝の始まりである。

さて聖武の即位に関して注目されるのは、同二月四日に発せられた即位の詔に引用された元正の言葉である（『続日本紀』）。要約すると、

① この天下は、文武天皇が汝（首皇子）に賜わるはずのものであったこと
② しかしその首皇子が年少のため、重大な任務にたえられないと思い、朕（元正）の母元明に授けられたこと
③ その元明天皇が朕（元正）に譲位した時、最後は、皇位を「不改常典」に従って間違いなく首皇子に授けるようにと教え命じられたこと

の三点となる。つまりその意図は、本来、皇位は文武から首皇子へ授けられるべきものであり、それこそが「不改常典」にかなう行為であることを表明するとともに、元明と元正はそれを実現するための中継ぎであったことを述べることにあったといってよい。

ここにいう「不改常典」とは、元正の言葉通りに書けば「天地と共に長く、日月と共に遠く、改るまじき常の典と立て賜ひ、敷賜へる法」であり、それを略して通常「不改常典」と称している。不改常典についてはのちに詳しく取上げるので、要点だけをいえば、天智天皇が定めたとされる皇位継承法であり、直接は天智の子、大友皇子の即位実現のための方便であったとみられるが、天武側でもそれを持ち出すことで年少の文武を即位させるための拠りどころとしたのである。その際、天武―草壁―文武が正系であることを強調しているのが特徴である。そしてこの「不改常典」は文武の嫡子首皇子の即位にも最大限に利用された。右の、聖武即位の詔にみられる元正の言葉がそれである（村井康彦「王権の継受―不改常典をめぐって―」『日本研究』一）。

それというのも首の皇位継承には、文武以上に困難な条件が重なっており、即位できるという保証はほとんどなかったからである。だいいち立太子するにも即位するにも、幼なすぎた。その一方で新田部・舎人親王など天武の諸皇子がなお活躍しており、天武の曾孫である首の立場はむしろ不利とさえいえた。ただひとつ、首が優位に立つことができるとすれば文武の嫡子という点だけであった。男子嫡系相承をうたう不改常典がそこで持ち出され、ことさら文武の嫡系であることが強調されたゆえんである。

その意味で、聖武天皇は「不改常典」の申し子であった。

藤原氏と県犬養氏

阿倍内親王が生れたのは養老二年（七一八）、父の聖武は当時一八歳の皇太子であった。一方、母の光明子も一八歳、霊亀二年（七一六）に入内して二年後のことである。ただし前年には聖武のもう一人の夫人、県犬養広刀自に井上内親王が生れており、阿倍は第二皇女になる。どちらにもまだ皇子は生れていなかった。皇女出産の時期から判断して、光明子と広刀自の入内は相前後した時期であったとみられる。出産の前後がそのまま入内の時期とはいい切れないが、広刀自の方が早かった可能性はあろう。

広刀自の役割

入内の時期もさることながら、それ以上に気になるのが広刀自が県犬養橘三千代の同族であり、三千代の意向で入内したとみられることである。もとより三千代の夫、不比等も承知の上である。

当然予想されるように、広刀自が皇子を生めば、光明子のライバルにならないとも限らない。現に数年前、首の立太子を実現するために文武のキサキであった石川・紀氏の二人を後宮から追放したばかりではなかったか。正直いって、広刀自を後宮に入れた三千代＝不比等の真意を図りかねる。

広刀自の父、唐は讃岐守で、従五位下を極位とする下級貴族であった。県犬養氏といえば壬申の乱に舎人として従った大伴が功をあげ、大海人（のちの天武）の信任を得て政界進出の足場を固めた氏族である。三千代が天武の後宮に出仕するようになったのもその縁故によるもので、三千代は文武の乳母として後宮に重きをなすに至った。この文武の時代、筑紫が造宮卿、石次が少納言になったのも三千代の引級によるところが大きい。しかし政界での氏族の地位は高くはなく、多くは五位どまりであった。その意味では、不比等の娘である光明子と唐の娘広刀自の立場の違いは歴然としていたといってよい。しかしそれにしても、身近な二人を相前後して入内させたのは解せないところで、不比等や三千代たちの真意をもっと考えてみる必要がある。その点に関してわたくしは、広刀自の娘三代が以後相続いて伊勢神宮の斎王に立てられている事実に着目したい（巻末系図参照）。

斎王が天皇の名代として伊勢神宮に奉仕する未婚の皇女であり、天皇の代始めに選ばれて伊勢に下ったことはよく知られている。六七二年の壬申の乱後、天武天皇が伊勢神宮の整備の一環として制度化したもので、初代の斎王（斎宮）に選ばれたのが天武の皇女大来（大伯）である。天武のあとの持統には斎宮はおかれなかったが、文武朝では即位した翌年（六九八年）、天武の娘多紀（多耆・託基とも）皇女が斎宮に卜定されている。多紀のあと泉皇女（天武娘）、ついで田形皇女（天武娘）が伊勢へ下っている。ところがこの三人はいずれも文武の娘でないばかりか、文武より年上と推定される。これは一五歳で即位した文武には、まだ皇子女が生れていなかったためで、文武一代の間に三人もの皇女が交替しているのも、理由は不詳であるが、そうした事情によるものであろう。この時期斎宮に対する特別の配慮がうかがわれる。

ともあれこの時の経験から、これまた幼くして立太子した首の場合も斎宮の卜定が早くから考慮されたに違いない。それは首の皇権を安定させるためにも不可欠の手続きであった。わたくしはそこで選ばれたのが県犬養氏であり、広刀自はいわば斎宮を生むためのキサキとして入内したと考える。

女帝と斎宮

元正朝の養老五年（七二一）九月十一日、広刀自の娘井上内親王が斎宮に卜定された。『続日本紀』に「皇太子の娘、井上（女）王を斎内親王とす」とある。時に五歳、この日ただちに井上は「北池辺新造宮」に遷り潔斎の生活に入っている。その場所は平城宮の北側にある松林宮（松林苑）付近とも、平城宮の東、春日辺りともいわれるが、明確ではない。しかし伊勢に下向したのは父聖武が即位して三年後の神亀四年（七二七）九月のことである。

井上の卜定が元正時代であったことから、井上を元正の斎宮であったとみる理解があるが、それは正しくない。斎王は天皇の譲位や身内の不幸などによって解任されたが、井上は養老八年二月に元正が譲位した時、任を解かれてはいないし、伊勢に下向したのは右にみたごとく聖武の即位後であった。井上は聖武の斎王である。

なお女帝の場合、斎王の派遣は、国史では元正時代の久勢女王が知られるだけで、持統・元明・孝謙・称徳朝には斎王の記載がない。このことからふつう、女帝を巫女（みこ）的存在とみなし、そこで女帝の時には同類の斎王は不要であり、派遣されなかったのだとする理解が流通しているが、この考え方にも賛成できない。先にも述べたように、元明のあとを承けた元正の即位は、甥の首皇子の即位の実現を目的としたものであり、しかも元正は生涯独身であった。女帝の巫女的性格や役割をいうのであれば、未婚のこの元正こそふさわしく、したがって元正には斎王の必要はなかったはずであるが、右にみたように派遣されている。他の女帝についても、のちの記録ではあるが、『一代要記』には、元明朝の斎王として智努女王と円方女王、孝謙については小宅（家）女王が選ばれたことを記している。女帝の時でも斎王は定められていたのである。

ただし女帝の場合、男帝とは事情が異なっていたことも確かである。男帝が即位すれば必ず選ばれた斎王が、女帝の時には卜定されたりされなかったりで、恣意的とさえ思える。これは、元明や元正に典型的にみられたように、女帝が中継ぎ天皇であり、皇統の正式な継承者とはみなされなかったという、女帝の立場の弱さに由来するものであり、それが女帝の斎王の制度化を弱め不安定なものにした理由である。

皇太子の娘の卜定

聖武の皇太子時代に五歳で卜定された井上内親王は、十四世紀まで続いた斎宮の歴史の中でも異例の存在といっていい。そのわけは第一に、派遣は即位後であるが、卜定が皇太子時代に行われていることであり、第二に、幼年で卜定されたことである。のちには二歳、三歳の斎王も不思議ではなくなるが、この時代、五歳の斎王というのははじめてであった。他に諸王の王女たちがいなかったわけでないことから、これは、まだ皇子の生誕をみない首皇子の身辺から長女（この時点では皇位継承の第一人者とみなして）の井上を遠ざけるためであったとの見方が強いのも（山中智恵子『斎宮志』）、故（ゆえ）なしとしない。しかしそれが理由なら、文武朝で二人のキサキを追放したように、キサキ広刀自の身分を剝奪すれば処理できたはずであり、この考え方にも賛成できない。

井上の卜定に関して次のようなことがあった。

前年八月、不比等が亡くなったあと、元明は長屋王を右大臣に任命し、王を首班とする皇親体制を進めていた。しかし『続日本紀』によれば、まもなく病気となり、この年五月三日、大赦が行われている。ついで六日、元明の快癒を祈り一〇〇人の得度者を許したが、病気は一過性のものではなかったようで、十二日には右大弁笠朝臣麻呂が出家し、十九日には三千代が元明のために入道している。

井上が卜定された（九月）のはそうした状況下でのことであった。翌十月十二日、元明は右大臣長屋王と参議藤原房前を枕頭に召して自らの葬送について指示しているが、それは表向きのことで、この折り二人に後事を託したものと思われる。すなわち同二十四日、房前を内臣に任じて「内外を計会」し、「帝業を輔翼し永く国家を寧ずべし」（『続日本紀』）といい、元正天皇を補佐するように命じている。

内臣は房前の祖父、鎌足が天智天皇から任じられたのが最初で、律令に規定された地位ではなく、天皇の私的ブレーンといってよい（瀧浪「武智麻呂政権の成立」）。それを不比等の嫡男武智麻呂ではなく次男の房前に求めたのは、このことが藤原氏の分裂をもたらしかねないことを元明は承知しひそかに期待していたからである。こうして長屋王に房前を加えての皇親体制が確立した。そしてこの皇親体制の確立はそのまま藤原氏の政治的立場を掣肘するものとなった。元明の卓越した政治性に驚かされる。元明はそれから一ヵ月余り後、十二月七日に没している。

このようにみてくると死期を悟ってからの元明は、首の即位に向けての体制づくりに邁進していることが知られると思う。井上内親王の卜定もその一つであった。卜定を皇太子時代に行ったのも広刀自一族に対する役割を天下に表明し、首皇子や光明子の立場を確かなものにするためであったと考える。首の即位は幾重にもバリアをつくりながら慎重に進められたことがうかがわれよう。

井上卜定は元明上皇の置き土産となった。

「もう一人のキサキ」であった県犬養広刀自の役割についてもう少し考えてみたい。

斎王となった井上内親王が伊勢へ下向したのは神亀四年（七二七）九月三日である。卜定から六年がたち、井上は一一歳になっていた。下向に先立つ八月二十三日、斎宮寮の官人一二一人が任命された。主神司の中臣・忌部や内侍・乳母なども任命されている。これだけ多人数のスタッフが整えられたのははじめてである。またこれを初例として以後、斎王の群行（伊勢下向）は九月と定められた。天武朝以来進められてきた斎宮（斎王）の儀式制度化や斎宮寮の組織化は、この時期にほぼ整えられている。

橘神社・県神社

県犬養氏から斎王を出したのは、むろんこの時がはじめてである。氏族名にみるように、古くは猟犬の飼育を職務として天皇に近侍したとみられるが、斎宮との関連で留意されるのが、この氏族と伊勢との関係である。

諸氏族の系譜を記した『新撰姓氏録』に、「県犬養宿禰は神魂命の八世の孫、阿居太都命の後なり」と伝えるが、県犬養が祖とする阿居太都命（曙立王とも）は『古事記』に、開化天皇の皇子、大俣王の子として登場し、「伊勢の品遅部君、伊勢の佐那造の祖」と記されている。ここにみえる品遅部君も佐那（佐奈とも）造も伊勢の旧族で、とくに後者は多気郡（旧佐那県）に勢力を張り、その名は多気町の南を流れる佐奈川や仁田に鎮座する佐那神社（式内社）に、いまも伝えられている。

こうした伝承によれば、県犬養氏は伊勢の旧族の流を汲み、伊勢との関わりが深かったことがわかる。今後の検討にまちたいが、斎王腹として広刀自の入内が進められた背景に、このような県犬養氏の出自が深く関わっていたのではないかと考えたい。

佐那神社（三重県多気町）　手力男神と曙立王を祀る．南に佐那川が流れている

橘神社（伊勢市黒瀬町）　楠の老木が由緒の古さを物語る

さらに井上のあとその娘、酒人内親王が光仁朝の斎王に、孫の朝原内親王が桓武朝の斎王というように県犬養出自の母子三代が三人の天皇に奉仕する。これもまた斎宮の歴史において前後に例をみない。県犬養氏が当初から斎王のために選ばれた氏族であり、そのために選別されたキサキであったとみる理由である。

こんにち伊勢には度会郡の御薗村高向に県神社がある。いまは豊受大神宮摂社、高向神社の相殿となっているが、三千代を祀ると伝えている。また近鉄伊勢市駅の東方、黒瀬町には、橘諸兄を祀る橘神社もある。諸兄は、三千代が前夫美努王との間にもうけた子で、光明子の義兄にあたる。三千代が伊勢の人と考えられたのも（『姓氏家系大辞典』）、故なしとしない。むろん確たる証拠があるわけではないが、県犬養氏と伊勢の関係を暗示する伝承の古層があったとみたい。

なお橘氏の氏神として知られる梅宮神社（京都市右京区）の祭神四座のうち大若子神と小若子神は外宮神主、度会氏の遠祖で、伊勢の度会郡より遷座したと伝えられる。これも伊勢と三千代や諸兄との関係を考えさせる材料であろう。

中臣氏の伊勢進出

斎宮の誕生を期待して三千代のミウチ、広刀自の入内が進められたのには、もう一つ強力な理由があった。

井上内親王が卜定され、伊勢へ下向した前後、中臣一族に対して破格の優遇措置が取られている。とくに天平元年（七二九）四月には、聖武の勅により伊勢神宮の（神戸が出す）調の絁のうち毎年三〇〇疋を割いて神祇官人の中臣氏に賜うように命じている（『続日本紀』）。

同じ頃、井上の伊勢下向に先立って多数の斎宮寮官人が補任されたが、前に述べたように、この時斎宮は制度・儀式の上で大幅に拡充整備されている。それは経済面にも及ぼされ、天平二年七月、斎宮および斎宮寮の費用には官物（国家財源）を用いることとし、従来の神戸の調庸物（神宮財源）からの使用を禁じている。神宮経済から分離することによって、組織や人事面での独立を図ったものと考えるが、これは斎宮（寮）の歴史の中でも画期的な措置であった。

こうした斎宮の制度化は、これを先にみた中臣氏に対する優遇措置と重ね合せると、中臣氏によって推進されたと考えて間違いない。

知られるように中臣一族は、代々朝廷の神祇・祭祀に関わってきた。不比等もこの一族であったが、父鎌足が天智天皇から藤原朝臣を賜姓されたのを、文武二年（六九八）八月、不比等が自身の系統だけに藤原の氏姓を継承させることにしたのである。鎌足以来、一族が中臣姓と藤原姓を併用してきたことを停め、不比等の系統以外を中臣姓に復させ、固定した。

中臣・藤原氏系図

- 中臣可多能祐
  - 御食子
    - （藤原）鎌足
      - 定恵
      - （藤原）不比等 →藤原
  - 国子
    - 国足
      - （中臣）意美麻呂（藤原・葛原） →中臣
  - 糠手子
    - 金
    - 許米
      - 安達
      - （中臣）大嶋（藤原・葛原） →中臣

この時の措置は、表向きは三ヵ月後にせまった新天皇文武の大嘗祭（だいじょうさい）という神事に中臣氏を専当従事させるためであったとしても、これによって藤原氏（＝不比等）が氏族のもつ伝統を一族の中臣氏にゆだね、自らは行政官への転進を図った点で重要である。しかもこの氏族の機能分離はそのまま、同じく不比等によって整備された律令官制の二本柱―太政官と神祇官のそれぞれに藤原氏と中臣氏とを位置づけるという新しい体制づくりに連なっていたことである。

中臣氏の伊勢への進出は、右にみたような方向で同氏が神祇官人としての立場を強化し、その権限を掌握するためであったといってよいであろう。その足がかりにしたのがまさしく斎宮であった。

県犬養氏は不比等の妻三千代と同族であり、したがって不比等の一族である中臣と県犬養とは姻戚関係にある。斎宮腹として県犬養広刀自が選ばれた背景には、少なくとも以上のような諸事情がからまっていたと考える。

二様のキサキ

中臣氏の勢力伸張は、中臣氏と並んで朝廷神祇に携ってきた忌部氏の脅威となった。職掌の上でそれまで優劣のなかった両氏が、天平年中には中臣が忌部を抑え、俄然優位に立っている。そうした中臣氏について斎部広成は『古語拾遺』で、「天平年中に至りて神帳を勘造し、中臣、権を専らにし、意に任せて取捨す」と述べている。ここにいう「神帳（神名帳）」に登録されることは、神社が官社として国家的援助を保証されることを意味するから、その神（名）帳を勘造するとは、中臣氏が神祇官として地方神祇の掌握にのり出したことに他ならない。忌部氏にとって中臣氏のこの行動が脅威となったことは十分考えられるところであろう。

中臣氏の目的は、伊勢との関係をテコにして、神祇官制を掌握することにあった。井上内親王を通しての斎宮（寮）の制度化はその手始めであったといってよい。

このようにみてくると、井上内親王の卜定、遡れば広刀自の入内そのものが、藤原氏はもとより同族の中臣氏にとってきわめて大きな意味を持っていたことが知られよう。光明子と広刀自の入内に籠められていた、いわばキサキとしての役割分担である。

端的にいえば、藤原氏出身の光明子には世俗王権での役割（皇位継承）が期待され、三千代の同族、県犬養氏出身の広刀自には神祇面からの皇権の権威づけが期待されたということである。これは不比等の時に行われた藤原・中臣氏の氏族の機能分離のキサキ版といってよいであろう。光明子が「皇太子のためのキサキ」なら、広刀自は「斎王のためのキサキ」とでも呼ぶことができる。もとより後見者としての立場は、それぞれ藤原氏と中臣氏が分担したのである。おのずから光明子には皇子が期待され、広刀自には皇女が望まれた。

しかしこのキサキの役割分担は、まったくの偶然性に依存していたといって過言ではない。都合よくそれぞれに皇子と皇女が生れる（第一子でなくてもよいが）とは限らないからである。その場合に起るであろう混乱は、しかしこの時にはまだ実感されてはいなかった。

長屋王事件の真相

生後一ヵ月の皇太子

阿倍内親王の弟、基王が「太政大臣邸（不比等邸）」で生れたのは神亀四年（七二七）閏九月二十九日である。母の光明子にとっては阿倍内親王の出産以来九年ぶりのことで、はじめての皇子であった。

聖武天皇も不比等の娘宮子を母とするから、この基王は藤原氏の血を濃密にうけて誕生したことになる。しかも不比等が七年前に亡くなっていただけに、藤原氏にとっては待望の皇子であった。十月五日、七夜の産養い（うぶやしない）には天下に大赦（たいしゃ）を行うとともに、皇子と同日に生れた子供には布や綿・稲を与えている。その喜びの大きさをうかがわせる。

それればかりではない。基王は生後三二日の十一月二日、早々と皇太子に立てられている。一歳未満の立太子は、平安時代に降れば清和（せいわ）（九ヵ月）や冷泉（れいぜい）（三ヵ月）などにみられるが、生後一ヵ月の皇太子とは、それまでまったく例がない。なぜこれほどまでに急がれたのか。

これについての一般的な理解は基王の病弱を理由とするものであろう。わずか一年で早逝したことから、この皇子には早くから病弱の兆しがあったのではないか、立太子を急いだのもそのためかも知れない、といった見方である。『続日本紀』によれば、八月二十一日、「皇太子の寝病、日を経れど愈えず、三宝の威力に非ざるよりは、何ぞ能く患苦を解き脱れむ」といい、聖武は観世音菩薩像一七七軀、観世音経一七七巻を造って僧侶に行道させており、二十三日には諸陵に奉幣しているから、病いが進んでいたことがうかがわれる。しかし祈りもむなしく九月十三日に没している。生来の病弱が進んだのか、それとも夏場の頃にかかった病いのために没したのかはわからない。いずれにせよ、生来の病弱が早い立太子の理由とはいい切れない。

そのことよりもわたくしが注目したいのは、基王の立太子の当日、「累世の家の嫡子」のうち五位以上のもの、つまり貴族の家の嫡子に対して特別に絁一〇疋を賜与していることである。立太子の喜びを貴族とわかち合うという慶祝の意味があったことはいうまでもないが、こうした場合、対象は通常、「五位以上（または以下）のもの」である。それがここではなぜ五位以上のものの「嫡子」なのか。思うにそれは、前例のない早い立太子に後ろめたさを抱く当事者たちが、それによって同じ嫡子をもつ貴族の理解と共感を期待したものといってよいであろう。しかもそれが単なる嫡子でなく「累世の家」の嫡子であるのは、世代を累ねて家を継承する嫡子の立場を重視することで、基王こそ累世の家としての皇室の嫡子たることを表明したも

立太子の年齢

天皇	年齢	天皇	年齢
天智	20	孝謙＊	21
弘文	24	淳仁	25
天武	38	称徳＊	−
持統＊	−	光仁	62
文武	15	桓武	37
元明＊	−	平城	12
元正＊	−	嵯峨	21
聖武	14	淳和	25

＊は女帝．−は立太子していないことを示す．女帝と皇太子との関係については瀧浪「女帝の条件」（『京都市歴史資料館紀要』10）参照．

のといってよい。

このようにみてくると基王立太子当日の物品の賜与は、単なる慶祝行事というにとどまらず、皇室の嫡子＝皇太子としての正当性の承認を得ることが求められた、きわめて政治性の強い措置であったと考えねばならない。

基王の皇位継承者としての地位は、第一に、父聖武の時と違ってその立場をおびやかすライバルがいなかったこと、第二に、皇太子の地位そのものが聖武の皇太子時代（七一四〜二四年）を通じてほぼ固まっていたこと、などから、約束されたも同然であったとみてよい。しかし現実に皇位継承者として保証されるためには立太子することが先決であった。生後一ヵ月の立太子はいかにも早いが、聖武の即位から数えればすでに足掛け五年もたっている。五年越しの、待たれた立太子ということもできるのである。当然これを推し進めたのは藤原氏（武智麻呂（むちまろ））側であったと考えるが、皇室側にとっても基王の立太子に異論のあろうはずはなかった。

しかし基王は翌神亀五年九月十三日、誕生日を待たずに亡くなってしまう。三日間の心喪をすませ、遺骸が那富山に葬られたのは九月十九日のことである。

聖武のもう一人の夫人、県犬養広刀自が皇子安積親王を生んだのは、はっきりとはわからないが、この前後のことであった。

聖武が固執したオオミオヤ

藤原氏にとって広刀自にも皇子が生れることは予想されたところであり、先にみたような役割分担からいえば、そのこと自体が脅威となる筋合のものではなかった。しかし基王の死はそうした前提を一挙に崩してしまった。

そればかりではない、不比等の生前には考えられないことだが、この時期、藤原氏と聖武との間に大きな亀裂が生じていた。

話は聖武天皇の即位時に遡る。

神亀元年（七二四）二月、即位したばかりの聖武天皇が母の藤原夫人宮子を「大夫人」と称せよと勅命している。天皇の生母に対する尊号賜与が本格的になされた最初とみられる。

ところが一ヵ月余り後、左大臣長屋王らが聖武に対して、律令の規定では天皇の母となった「夫人」は「皇太夫人」と称すべきであります、勅命に従えば「皇」の文字が欠けるし、といって律令に従えば違勅になる、どうすればよろしいか、天皇の判断をあおぎたい、との意見書を提出した。そこで聖武は即日改めて詔を下し、文書では「皇太夫人」と書く（ことにする）が、言葉では「大御祖（オオミオヤ）」と称せ、と命じ、先の勅を撤回している。いわゆる宮子称号一件である。

この事件については、これを天皇と長屋王ら（貴族層）との対立とみなし、大夫人の称号を命じたのが詔ではなくて勅であったこと、すなわち手続きの上で太政官（貴族層）の合意を得ないで作成されたことに長屋王が異を唱え、天皇側とその背後の藤原氏とを掣肘したものとみるのが、これまでの通説である。つまり勅を撤回した聖武が煮え湯を飲まされた事件とみるのであるが、はたしてそうであろうか。結果をみれば明らかなように、聖武は文書の上では長屋王らの意見に従い「皇太夫人」と書くことにしたが、それを「オオミオヤ」とよむことにして初志を貫いているではないか。

聖武は律令に従えば母を皇太夫人と呼ぶべきことは百も承知であったに違いない。にもかかわらず「大夫人」の呼称に固執したのは、生母を呼ぶ伝統的な呼称にこだわったものと思われる。

のちに淳仁天皇が光明子の意をうけて、淳仁の母当麻山背(たいまのやましろ)や故橘三千代に大夫人の称号を与えているが、これは聖武の例にならったものとみてよい。ただし補足すれば、光明子は三千代を生前から「太(大)夫人」と称しているから(「五月一日経」の奥書などにみえる)、それを公称として追認したものであり、当麻山背の場合は、天皇の母でありながら夫の舎人親王が天皇でなかったため、法令上、皇太夫人の称号がそぐわなかったのである。

こうしたことを考えると、「皇太夫人」と呼称すべき宮子を「大夫人」とし「オオミオヤ」と呼んだのは、聖武が律令的な呼称をことさら忌避したものとしか思えない。大宝律令制定の中心人物が不比等であったことを考えると、聖武のこの態度は、そのまま藤原氏への対抗意識の表われであったといえるのではあるまいか。

この一件における長屋王の立場も、一見聖武と対立しているかのようであるが、両様の解釈を具申しているだけであって、聖武の判断に対して最終的にどのような意見を抱いたかもわからない。少なくとも聖武と対立した形跡はみられない。

この一件でむしろ注目されるのは、その過程でみせた、意外とも思える聖武の剛直さであり、これは不比等の嫡男武智麻呂(むちまろ)を驚かせ危機感を抱かせるに十分なものであった。しかもこの時期、武智麻呂の不快感は極限に達していた。

武智麻呂と房前

不比等の没後、元明上皇は長屋王を右大臣として首班の座にすえ、急速に皇親体制を進めていた。しかも王の政治的パートナーには、長男の武智麻呂をさしおき、弟の房前(ふささき)が選ばれて内臣(うちつおみ)に任じられていた。房前は詩文の交換を通して長屋王とも親交が深かったが、これは皇親側が房前を取りこみ、政界での武智麻呂の孤立を図ったものといってよい。その結果、不比等の生前には兄弟間で保たれていた位階の一階差（武智麻呂は正四位下、房前は従四位上）がなくなり、同等（ともに従三位に昇叙）になったことにも武智麻呂軽視が表れている。この扱いは聖武即位後も続いている。もっとも武智麻呂にとっての救いは、内臣が房前自身の求めた地位ではなく、房前に政治的野心もなかったことで、そのために両者の関係は破滅にまでは至らなかった（瀧浪「武智麻呂政権の成立」）。

とはいえこの時期の武智麻呂は、藤原一門の分裂の危機さえ感じていたかも知れない。

先にもふれたように、宮子の称号一件で聖武と長屋王との間に対立が生じたとは思わない。ミゾが深まったとすれば、それは天皇と藤原氏（武智麻呂）との間である。母も妻も藤原氏というがんじがらめのミウチ関係の中で聖武は皇親意識を強く抱いたふしがある。これには元明・元正から受けた影響も少なくない。とくに元明の確立した皇親体制の中で育てられた意識といっても間違いではないであろう。それだけに基王の誕生は、藤原氏―武智麻呂にとってこれ以上の贈物はなかったろう。文字通り掌中の玉であった。

ところが王は早逝し、しかも広刀自に安積親王が生れた。宝を失った武智麻呂は絶望の淵に沈んだ。この時点で武智麻呂が退勢を挽回するには長屋王と房前を抑え、皇親勢力を打破する以外に道はなかったといってよい。

利用された神亀経

事態は思わぬことから急転回することがある。長屋王事件はその典型ではなかったろうか。

神亀五年（七二八）九月二十三日、長屋王は大般若経六百巻の写経を終えている。「神亀経」といわれるもので、同年五月十五日、長屋王が発願主となって王の父母（高市皇子・御名部皇女）の追善と聖武天皇の延命および歴代天皇の冥福を祈って書写したものであった。写経そのものはごくありふれた行為であるが、長屋王の写経は当時の常識を欠く内容のものだったという理解が出されている。すなわち、亡くなった天皇の追善供養はともかく、在位中の天皇のための写経は珍しいこと、しかも跋の内容も呪術的要素が強く、とくに王が父母の霊を「登仙二尊の神霊」といい「登仙の者は浄国に生まれ、天上に昇」った—父母は仙人となって昇天—といい、その供養のために写経するというのは常識的なことではないとされている（新川登亀男「奈良時代の仏教と道教」『論集日本仏教史』）。仙人は魔術を使ういかがわしい者とされ、これは王の父母が異端者だったことを意味するからである。跋文の趣旨を要約することは難しいが、儒教や仏教の教えとは本質を異にする神仙（道教）思想が映し出されていることは明らかな事実であり、長屋王が異端視される要素は十分にあった。

時期も悪かった。神亀経の書写が始められた五月十五日は、皇太子基王の病状が悪化しはじめた時期にあたり、写経の完成した九月二十三日は、基王が亡くなって十日後のことであった。記録の上には表われていないが、この願経が、基王の夭死を願ったとする疑惑を生んだとしても不思議はない。近時長屋王事件の直接的な原因をこの写経と結びつけて理解する見方が強まっているが、わたくしもこれを事件の誘因とみたい。

翌神亀六年（七二九）二月十日のことであるが、左京の人従七位下漆部造石足と無位中臣宮処連東人が、時の左大臣長屋王がひそかに「左道」（横しまな道）を学び、国家を傾けようとしていると密告した。ただちに鈴鹿関など三関が閉鎖(固関)される一方、式部卿従三位藤原宇合をはじめ衛門佐・左右衛士佐らが六衛府の兵を率いて長屋王の邸宅を囲み、逃亡を防いでいる。翌十一日、中納言武智麻呂らが王邸に赴き王を窮問、その結果、王は翌日自害した。妻の吉備内親王と男子四人も即日王のあとを追って自経(首吊り自殺)している。王と内親王の屍は翌十三日、生駒山に葬られた。この間逮捕者は九十余人もの多きにのぼったが、十七日に至り、七人が王との交友関係で流罪に処された他は、すべてが釈放されており、翌十八日には長屋王の兄弟姉妹、子孫や妾らも全員赦されている。二十一日には先の密告者二人に恩賞が施され、二十六日、長屋王一族の存命者に対しては従来通り給禄の例にあずかるものとすることで、事後処理はすべて終っている。

これが長屋王事件の顚末であるが、密告から長屋王の自害までわずか三日間、事後処理までを数えても二週間という手早い処置であった。しかも王の妻の一人、不比等の娘長娥子と所生の子供らは罪に問われていない。藤原氏による疑獄事件とみられるゆえんである。

話はそれから九年ののちのことになるが、天平十年(七三八)七月、もと長屋王に仕えていた左兵庫少属大津子虫と、右兵庫頭中臣宮処東人とが囲碁をしている間に話題が長屋王におよんで口論となり、子虫が東人を斬り殺すという事件が起った。そのことを記す『続日本紀』は、東人を「長屋王の事を誣告せし人なり」と記している。この記事を藤原氏による偽作とみる人もいるが、そこまで疑うことはないであろう。むしろ『続日本紀』の編者たちは、この事件を奇貨として、いわば長屋王の復権を図ったとみられる。

長屋王が陥れられたことは、当時、公然の秘密であった。

武智麻呂政権の成立

それにしても、長屋王はなぜ自尽に追い込まれたのか。

長屋王事件の謎解きは容易でないが、いまひとつ留意されるのが、王が自尽して三日後に下された聖武の勅である。『続日本紀』同二月十五日条によれば、その中で長屋王を次のように指弾している。

長屋王は忍戻昏凶

左大臣正二位長屋王、忍戻昏凶、途に触れてすなはち著る。慝を尽くして奸を窮め、頓に疏き網に陥れり。

長屋王は残忍で道理に暗く、ついにその凶暴な性格がこのように表われた。しかも王は悪事にはまり、悪の限りをつくしたので、もともとはゆるやかにしてある法律の網にさえかかってしまったのだ、というのである。長屋王に対するこの怒りのすさまじさをそのまま聖武のものとみるか、それとも武智麻呂の意見とみるか、にわかには判断できないが、たとえ後者としても聖武がこれを出している以上無関係とは思えない。長屋王を信頼していただけに王の〝裏切り〟が許せなかったのであろう。

吉備内親王墓（生駒郡平群町）
長屋王墓の後方，小丘陵の上にある

長屋王墓（生駒郡平群町）　宅地造成の波が至近に迫っている

それにしても何がこれほどまでに聖武を激怒させたのか。

皇太子基王の夭死以外には有り得ない。基王の死で悲しみに沈んでいる時、長屋王の写経が、じつは基王を厭魅するためであったと告げ口をされたら、天皇ならずとも憎しみが噴き出したであろう。長屋王の写経は魔術的要素をもつ「左道」とされ、それを根拠に謀反を企てていると密告されたのである。天皇の弱みにつけ込み、その疑念をかきたてるのに、この写経の件ほど打ってつけの材料はなかった。武智麻呂の術策にまんまと陥った聖武も悲惨であるが、その聖武に憎まれた長屋王こそ哀れである。

こうして事件が間違いなくデッチ上げられた。ことはまったく、藤原氏の思惑通りに運ばれたといってよい。長屋王夫妻はもとより、吉備内親王所生の男子もことごとく自経している。

長屋王は一貫して皇親体制の一端を担い、皇位を狙う意志など毛頭なかったというのがわたくしの理解であり、じじつその行動を追ってみてもその形跡はまったく見出せない。長屋王は終始皇室の藩屛として行動している。

長屋王夫妻はいまも生駒谷に眠っている。最近の開発ブームで周囲の景観はすっかり変ってしまったが、王に寄り添うような形でひっそりと立つ吉備内親王の墓は、いつみても哀れをさそう。ただし内親王の墓は丘陵の上に設けられており、長屋王をこえる扱いがなされたことを知る。

長屋王事件に関連して留意しておきたいのは、房前がいっさい登場しないことである。少なくとも房前がこの事件に関わった形跡はまったくみられない。

皇親勢力の後退

長男の武智麻呂は凡庸で、不比等が期待したのは弟の房前とみるのが通説であるが、これまで述べてきたように、それは正しい理解ではない。したがってその考え方から、長屋王事件のかなめには実力者である内臣房前が隠れていたとする意見が出されているが（野村忠夫「長屋王首班体制から藤四子体制」『律令政治の諸様相』）、房前が隠れねばならない理由がない。自身が隠れたのではなく、武智麻呂によってこの一件から意図的に除外されたものとわたくしは考えている。房前を封じ込めるためである。武智麻呂としては皇親側に立つ弟を許せなかったろうが、ことさら対決的な措置を取らなかったのは、前に述べたように、房前自身に政治的な野心や動きがなかったからである。

事件が終った三月四日、武智麻呂は中納言から大納言へと昇進している。事件後の人事異動はこの一件だけであり、この特別の人事も、事件の中心人物が武智麻呂であったことを語っている。この時、廟堂（びょうどう）には知太政官事（ちだいじょうかんじ）の舎人（とねり）親王と大納言の多治比池守（たじひのいけもり）がいたが、ともに老齢の身であったから、この結果武智麻呂が事実上政界の首班となった。事件の二ヵ月後の四月三日、役人たちがそれまで朝堂では舎人親王に対して下座の礼をとっていたのを廃止したのも皇親勢力への圧迫とみられよう。

五年後の天平六年正月、武智麻呂は従二位（じゅにい）となり、父不比等と同じ右大臣に就任した。この昇任の結果、房前との同等位は崩れ、武智麻呂は名実ともにポスト不比等の座に着いたのだった。この間、宇合・麻呂も房前と同じ参議に任命され、武智麻呂を除く三兄弟が肩を並べた。おのずから藤原一門における房前の地位は転落した。

こうして武智麻呂は皇親勢力を抑えて政権を握ったばかりでなく、一門に対しては房前を抑え、兄弟の上位に立った。武智麻呂政権の誕生である。

聖武と光明子立后

長屋王事件から半年後の天平元年八月、夫人の立場にあった光明子が皇后となった。皇后は皇族（内親王）でなければならないという原則を無視して実現したものである。

こうしたことから長屋王事件は、王が光明子の立后に反対するであろうことを予想して、自刃させたものと理解されている。しかしこれまで述べてきたように、長屋王を首班とする皇親体制の打倒こそが、早くから武智麻呂の構想するところであった。むろん長屋王がいなくなったことで、立后がスムーズに実現できたことも事実であろう。王が原則論を主張して異議を唱えることは、宮子称号一件に照らしても明らかである。王が左大臣として首班の座にいれば、立后は困難をきわめたに違いない。しかし、だから事前に王を抹殺したというものではない。王の抹殺は、直接は武智麻呂の覇権のためであった。

しかも光明子立后は聖武の弱点を巧みに衝いて実現したといえるのではないか。立后が法を破った行為というのなら、かつて聖武が母親宮子に皇太夫人号を避けてオオミオヤの称号を与えたのと同類ではないか、などと反論されたら（同じ次元の話ではないが）、聖武には口をはさむ余地はなかったろう。

立后の宣命

光明子が皇后となって二週間後の八月二十四日、五位および諸司の長官を内裏に召し入れ、宣命（せんみょう）が読み上げられている（『続日本紀』）。ひと言でいえば、立后の正当性を長々と述べたものであるが、以下の諸点に要約できる。

① 藤原夫人（光明子）は、皇位継承者とされていた皇太子の母であること
② 政治は天皇と皇后が並存して行うのが望ましいこと
③ 慎重に立后の人選をしてきたから、即位後、六年もたってしまったこと
④ 光明子の父不比等の功績を忘れてはいけないこと
⑤ 臣下の娘を立后するのは仁徳天皇時代に前例があり、新儀ではないこと

以上である。

従来この宣命に関心がもたれなかったのは、いずれも立后の理由として妥当性がないとみなされていたからであるが、なかでも④はこじつけとしか思えない。不比等が貢献したからといって、夫人光明子（臣下）を皇后（皇族）にできる性質のものではないからである。しかし、だからこの宣命は取るに足りないものだとはいい切れない。④のごときものがあるところに、かえってこの宣命のもつ政治的意図が見えかくれする。すなわちこの④は、不比等を持ち出すことで持統朝以来、皇権の安定化に果した不比等なり藤原氏の役割の大きさを再確認させ、有形無形の圧力をかけたものに他ならない。それは、かつて宮子の称号一件でみせたような聖武の反不比等的行為に対する教戒であり、以後ことあるごとに不比等の名は伝家の宝刀として持ち出されることになる。

こうして光明子の立后は、不比等没後あからさまに進められてきた皇親体制に決定的なくさびを打ちこんだのである。

皇后の皇子

光明子の立后にはさまざまな政治的思惑が込められていたが、その一つが安積親王対策である。

話を戻すが、基王の夭逝と相前後して生れた安積親王は不比等亡き後の藤原氏にとって、最大の不安材料となっていた。このまま推移すれば、聖武は安積の皇位継承を打ち出すに違いない。光明子の立后はそれを阻止するためであった。

ところで光明子の立后については、将来光明子を女帝に立てるための措置だったとする理解があるが（岸俊男「光明立后の史的意義」）、それは違う。

この理解の根拠は、推古（敏達皇后）や皇極＝斉明（舒明皇后）、あるいは持統（天武皇后）など、女帝がいずれも先帝の皇后であったことから、光明子の場合もその原理を逆用し、皇后としておくことで、将来に備えたものであり、いわば〃控え女帝〃にしたという理解である。藤原氏は場合によっては、聖武天皇のあとに光明女帝の即位を考えていたというのである。

しかしわが国の場合、男女を問わず皇族でない者が即位した事例はない。これ以後においても皇族天皇が原則であった。

その点で藤原氏出身の光明子が即位できる可能性はなかったし、事実なろうとした形跡もまったくない。光明子立后の目的は別のところにあったとみるべきである。

『古事記』や『日本書紀』から立太子の事例を整理してみると、母が皇后である場合が断然多い。このことは記紀編さん当時、皇太子の生母は皇后とする観念なり慣習があったことを反映している。光明子の立后も、今後に出生の期待される皇子の立太子を可能にするための条件づくりであったとみる（瀧浪「光明子の立后とその破綻」）。

光明子はまだ二九歳であった。広刀自所生の安積を抑え、まだ生れる可能性のあった皇子の立太子を確実なものとし、第二の〃基王〃とするには、光明子を皇后にしておくことが絶対に必要であり、そのためには立后以外に道はなかったのである。これが光明子立后の唯一の理由である。

光明子の立后は実現した。それは武智麻呂による藤原体制の総仕上げであった。

内親王の立太子

西暦	年号	(年齢)	
718	養老2	(1)	誕生
733	天平5	(16)	橘（県犬養）三千代没
734	天平6	(17)	藤原武智麻呂右大臣に任
735	天平7	(18)	玄昉・吉備真備ら唐より帰国
737	天平9	(20)	疫病大流行，藤原房前(57)・藤原麻呂(43)・藤原武智麻呂(58)・藤原宇合(44)没．聖武天皇，母藤原宮子と初めて対面
738	天平10	(21)	**立太子** 橘諸兄右大臣に任
740	天平12	(23)	聖武天皇，知識寺で礼仏．藤原広嗣の乱．聖武天皇関東に向い恭仁京を造営
741	天平13	(24)	国分寺建立の詔
742	天平14	(25)	紫香楽宮の造営，塩焼王配流される
743	天平15	(26)	阿倍内親王五節を舞う．橘諸兄左大臣．墾田永代私財法発布．盧舎那仏造立の詔
744	天平16	(27)	聖武天皇難波宮に行幸，安積親王(17)急死
745	天平17	(28)	平城還都．難波宮で聖武天皇重病となり，孫王を招集．玄昉左遷
748	天平20	(31)	元正上皇(69)没
749	天平勝宝元	(32)	即位
758	天平宝字2	(41)	譲位
762	天平宝字6	(45)	出家
764	天平宝字8	(47)	重祚
770	宝亀元	(53)	没

光明子立后の破綻

皇后となった阿倍内親王の母、光明子は、聖武ともどもひたすら皇子の誕生を願っていたと思われる。しかし皇子は生れない。

あらたな入内

留意されるのは、そうした時期、天平九年（七三七）初めのことと推測されるのであるが、藤原武智麻呂の娘（南夫人と呼ばれた、名不詳）、同じく房前の娘（名不詳）、それに橘佐為の娘広岡古那可智の三人が聖武夫人として入内していることである。その顔ぶれが藤原氏と橘氏の娘であるのが、かつての光明子と広刀自の入内に似た組み合せで興味をひかれる。しかもその際与えられた位が、藤原氏の娘たち（無位）が正三位であるのに対して、橘氏の娘は従三位と低かった。これは同じ日（二月十四日）に昇叙された安積親王の母県犬養広刀自（正五位下）でさえも従三位と、位階の上では新参の藤原氏のキサキにも及ばなかったこととともに家格意識が厳然と存していたことを知る。

それはさて、この期に及んでの三人もの入内（当然それによって期待される皇子の誕生）が、このまま光明子に皇子が生れない時の対策であったことはいうまでもないが、それを促したのは、安積親王の成長であった。基王が没して以後、唯一の皇子となった安積親王はすでに一〇歳に成長していたからである。この入内は、武智麻呂たち藤原氏一門が皇位継承問題に抱く焦燥感の表われといってよいであろう。

ただし三人のキサキがその後皇子女を生んだという記事は見当らない。この新たな入内策も成果を上げるに至らなかったわけである。

藤原四兄弟の死亡

そんな時、藤原氏一門が、天然痘のために相次いで急逝するという一大変事が起った。豌豆瘡（俗に裳瘡とも）と呼ばれた天然痘が、天平七年（七三五）の夏から秋にかけて北九州から流行しはじめ、いったんはおさまったかにみえたが、奈良の都に飛び火して再燃したのである。その媒体となったのは『続日本紀』によると、どうやら帰国した遣新羅使たちであったらしい。天平九年正月、帰国途次の遣新羅使のうち、大使の阿倍継麻呂は対馬で没し、副使の大伴三中も「病に染まりて入京するを得ず」とあるから、他の同行者の中に保菌者がいて都に持ち込んだものであろう。

犠牲者は四月に入ってから急増し、四位以上の者だけでも一一人（四月に一人、六月に四人、七月に四人、八月に二人）を数え、その中に武智麻呂ら四兄弟も含まれていたのだった。

最初に亡くなったのは房前（参議民部卿、正三位）である。四月十七日のことで、『続日本紀』当日条には、「送るに大臣の葬儀をもつてせむを、その家固く辞して受けず」とある。葬儀を「大臣」扱いとしたのは房前が内臣（生前、元明上皇から任じられたもの）であったことからすれば、当然の処遇であるが、それを「その家」（遺族）がかたくなに拒んだのは、武智麻呂（家）に対する遠慮からであったとみる。房前は生前、みずから求めたものではなかったにせよ、兄武智麻呂の意に反して皇親側に立ったことへの負い目をもち、それを遺族も引きずっていたように思われる。

しかし、その武智麻呂も七月二十五日に亡くなっている。末弟の麻呂（参議兵部卿、従三位、七月十三日没）の死後二週間と経ってはいなかった。『武智麻呂伝』によれば、死の前日（二十四日）、光明皇后みずからが見舞いに訪れたといい、訃報を聞いた聖武は「羽葆鼓吹」（鳥の羽で作った飾りもの、葬送に用いる）を与えたという。また『続日本紀』には正一位左大臣を授けられ、即日に没した（『武智麻呂伝』では翌日）とある。祖父の鎌足が臨終の床で天智天皇から大織冠と藤原姓を贈られたことが想起されるところで、一門における武智麻呂の卓越した立場が知られよう。ついで宇合（参議式部卿兼大宰帥、正三位）も八月五日に世を去った。こうして藤原四兄弟が要職を占めた時代は一挙に終ってしまう。代って首班の座に就くのが、のちにふれるように橘諸兄である。

ところで武智麻呂が亡くなって三ヵ月後（十月）、房前に正一位左大臣が贈られ、二〇年という期限つきながら食封二〇〇〇戸が「その家」に与えられている。このたびは「その家」も辞退しなかった。これにより房前は、没後ではあるが、武智麻呂と位階・官職の上でふたたび並んだことになる（のち天平宝字四年六月には、仲麻呂により両者に太政大臣が贈られる）。これは明らかに房前（家）の優遇策であり、その復権が図られたことを物語るが、以前に述べた生前の関係からいって、それが元正上皇や聖武天皇の意に出るものであったことは明らかである。

安積親王の立場

阿倍内親王（二一歳）の立太子は、そのような一大変事のあった翌天平十年正月十三日のことである。年明け早々であったのは、こうした事例に照らして、凶事を避けるためであったとみてよいから、立太子のことが日程に上ったのは旧年中のことであり、事の性質上、先述した新しいキサキの入内よりは後、おそらく四子の相次ぐ死亡以後、それがきっかけで計画されたものと考える。

『続日本紀』には、立太子の日天下に大赦を行い、諸人に官位や物を賜ったこと以外、儀式の様子については格別記すところがない。ちなみに当日、大納言橘諸兄が従三位から正三位に昇叙され、右大臣に任じられている。時に五五歳であった。

諸兄は美努(みぬ)王の子で葛城(かつらぎ)王と称したが、二年前の天平八年十一月に生母三千代の橘朝臣を継いで臣籍に下っていた。光明皇后の異父兄にあたる。藤原四兄弟が急死したあと、中納言をへずに大納言に任命されたばかりで、この任右大臣は異例の抜擢といってよい。しかしそれは諸兄の政治的手腕が買われたというより疫病死(えきびょうし)による人材涸渇の結果の人事であり、諸兄にとっては文字通り思いがけない幸運であった。

さて阿倍の立太子については、従来、成長する安積親王を抑えるために藤原氏がとった対抗策とみるのが大方の理解である。たしかに基王が亡くなったあとは安積が聖武天皇の唯一の皇子であったから、このまま推移すれば早晩、皇位継承者として浮上することは、火を見るよりも明らかである。これは藤原氏にとってもっとも警戒すべき事態であったから、機先を制する形で阿倍を皇太子に立てたのだとする説は理解しやすい。もしそうなら、四子が死亡する前に行ったキサキの入内につぐ第二弾の対策であったということができよう。

しかし阿倍の立太子を実現したのは、藤原氏ではありえない。この時期の藤原氏には、立太子という皇位継承に関わる重大事に携わりそれを推進するような人材はいなかったからである。すでにみてきたように、四兄弟の急死によって藤原氏の政治力は一挙に失われ、残った人物としては武智麻呂の長子、参議従四位下豊成（とよなり）（三四歳）がいたにすぎない。豊成にはさして政治的な能力がなかったというのが、これまでの人物評であり、その評価を改める理由はない。豊成が仕掛人となったとは到底思えない。

藤原氏でないとすれば、阿倍の立太子を推進したのは誰か。それは聖武天皇以外には考えられない。このことを理解するために、この時点における皇位継承をめぐる状況を確かめておきたい。

立太子の条件

① 光明子に関して。　聖武は、この時点でもなお皇子が生れることを期待していた。それが基王の没後一〇年間も皇嗣を立てなかった理由である（生れたらすぐに立太子するため）。しかしこの時三八歳になっていた光明子には、皇子出生の望みはほとんど消えかかっていた。

② 安積親王に関して。　嫡系ではないが、基王の没後聖武の唯一の皇子安積はすでに一一歳、①の理由でこのまま無為に過ごせば、早晩親王を皇位継承者とする動きが出ることは必至である。これにどう対処するかが聖武の課題となっていた。

③ 阿倍内親王に関して。　女子ではあっても嫡系であり、安積よりも年長であった（この時二一歳）。嫡系相承にこだわる聖武にとって、この阿倍をさし置いて、他に皇位継承者を求めることは考えられなかったし、それは光明子も同様であった。

このような事情を考えると、阿倍を安積に優先する皇位継承者として位置づけることがこの時点での先決問題であったと知られよう。ところがそういう状況にあった時、藤原四兄弟が相次いで没した。これは、キサキの入内で事態の打開を図ろうとした藤原氏の影響力が急激に低下し、ふたたび安積問題が浮上、しかも以前にも増して緊急の課題になったことを意味する。最終的な決定者である聖武としても、これ以上放置しておくことは許されなくなった。わたくしはこの藤原四兄弟の死が、聖武の決断―阿倍の立太子を促した直接的な契機であったと考えている。

ところで阿倍の立太子は少なくとも二つの点において異例であった。

一つは、これまでの皇太子はすべて男子であったのに対して、はじめての女性皇太子であったことである。女性の皇太子は、後にも先にも阿倍ただ一人である。

二つは、女帝になる上で、立太子は要件でなかったにもかかわらず、阿倍は立太子した唯一の例であったことである。

むろんこの二つは表裏の関係にあるが、なぜその異例の立太子が行われたのか。元明や元正の例を持ち出すまでもなく、女帝となるのに皇太子となる必要はなかったから、聖武がその気になれば阿倍をただちに即位させることができた。しかし当然のことながら、この方策は聖武自身の退位あってのもので、それと引きかえの阿倍の即位は、なすべき仕事を残していた聖武にとっては時期尚早であった（ちなみに聖武の譲位はこれから一一年後）。

このようにみてくると阿倍の立太子は、この時点で、次なる皇位継承者として位置づけるために取り得た唯一の方策であり、それ以外の選択肢はなかったと考える。これが先例のない、女性皇太子が誕生した唯一の理由である。

ただし阿倍の立太子に関して、見逃しても誤解してもならないことがある。それは、阿倍の立太子が安積の存在を考慮して行われたことは確かであるが、それによって皇位継承上における安積の立場が否定し去られたわけではないという事実である。安積は嫡系ではないが唯一の直系皇子である。未婚の女帝となるであろう阿倍のあとを考える時、聖武にとって次なる皇位継承者の決定は重要な課題であったが、その候補者としては安積以外に存在しなかった。阿倍を差し置いて安積を立てるような動きは極度に警戒したが、といって安積の皇位継承権そのものを否定する理由はどこにもなかったし、それはまた大方の貴族たち共通の認識でもあったといってよい。したがって阿倍の立太子は、そのあとの安積の皇位継承を見すえての措置であり、安積の将来について貴族たちの理解を得る政治的手続きという意味合いもあったのである。阿倍の立太子によって、安積も皇位継承へのパスポートを得たのだった。

以上が、熟慮の末に打ち出された聖武の皇位継承構想であった。それは阿倍の立太子により一〇年余にわたる皇位継承問題に一応のケリをつけると同時に、近い将来における安積の皇位継承権をも保証するという、きわめて巧妙な、しかしそれ以外には有り得ない布石であったというのがわたくしの理解である。

皇太子の五節舞

こうして阿倍は立太子する。二一歳であった。

しかし女性皇太子としての阿倍の立場には微妙なものがあった。その点でわたくしは立太子から五年後、天平一五年（七四三）五月五日に行われた五節（ごせち）（田）舞（まい）に注目したい。これもまた皇太子としては前例のない振舞いだったからである。

その頃、聖武以下は平城京を離れ（天平十二年十月）、新たに造営させた恭仁（くに）宮にあったが、時に二六歳の皇太子阿倍自身が群臣たちを前に五節を舞い、列座の人びとに感銘を与えたというものである。このことを記す『続日本紀』にはその折、聖武と元正上皇との間でやりとりされた詔が収められている。次は聖武が奏したものである。

> 天皇大命に坐せ奏し賜はく、挂けまくも畏き飛鳥浄御原宮に大八洲知ろしめしし聖の天皇命、天下を治め賜ひ平げ賜ひて思ほし坐さく、上下を斉へ和げて動無く静かに有らしむるには、礼と楽と二つ並べてし平けく長く有べしと神ながらも思し坐して、此の舞を始め賜ひ造り賜ひきと聞こしめして、天地と共に絶ゆる事無く、いや継に受け賜はり行かむ物として、皇太子斯の王に学はし頂き荷しめて、我皇天皇の大前に貢る事を奏す。

「五節舞」は天武天皇が「礼と楽」とで天下を統治するため創始したという由来を述べ、自分もそれを継承していこうと考えて皇太子（阿倍内親王）に習わせたもので、いま元正上皇にそれを奉献いたします、というのが趣旨である。五節舞は五度、袖をひるがえすことにちなむ名称といい、五節田舞ともいわれたように、元来は農耕を祝う民間芸能であったが、宮廷に取り込まれ、のちには豊明節会で行われる典型的な宮廷芸能となったものである。その五節（田）舞が神の意にも添う国家の礼楽と考えられていたことが知られる。

これに対して元正太上天皇が聖武に与えた詔には、天武の創始した舞を「国宝」として「此の王」＝皇太子に舞わせるのを見ると、天下の大法は絶えることがないように思われる、といい、また「今日行ひ賜ふ態を見そなはせば、直に遊びとのみにはあらずして、天下の人に君臣祖子の理を教へ賜ひ趣け賜ふ」といって、今日の五節の盛儀が単なる遊びではなく、「君臣祖子の理」を百官に教えるものであるとその意義を述べている。ついで元正は、その趣旨を忘れさせせないために、人びとを昇叙させてもらいたいと聖武に述べたあと、三首の歌をうたっている。これはそのうちの一首である。

天つ神　御孫の命（みまのみこと）の取り持ちて
　この豊御酒（とよみき）（「いか」とも）をいま　献（たてまつ）る

御酒を供える御孫の命こと阿倍内親王の晴姿を喜ぶ元正の様子が目に浮ぶ。このあと元正の詔をうけて臣下に位階が授けられたが、聖武は、元正の述べた「君臣祖子の理」をふたたび強調し、それを忘れることなく仕えるようにと命じている。とくに「皇太子宮の官人」に対してそれぞれ一階を昇叙するとともに、春宮（とうぐう）博士の下道真備（しもつみちのまきび）（吉備真備）に二階が与えられたのは、この日の主役である皇太子阿倍内親王の立場を天下に印象づけるに十分であったろう。

こうした聖武と元正との間のやりとりは意図的・政治的なパフォーマンスであったことは明らかで、阿倍の皇位継承が聖武だけでなく、元正上皇の意でもあることを強調するためであった。けなげに舞う阿倍の姿を人びとはどのような思いで眺めたことであろうか。

それにしても皇太子みずからが舞姫となるのは前後に例がない。これは天武が創（はじ）めた舞を阿倍が舞うことで天武の正統な皇位継承者であることを表明する儀式であった。したがってこの儀式は、聖武・光明子があれほど待った皇子誕生を諦（あきら）めたことの表われといってよい。阿倍の立太子から五年がたち、光明子もすでに四三歳、もはや皇子の生れる可能性はほとんどなかったろう。阿倍が五節舞を舞ったのは「生れざる皇子」への決別であった。

こうして五節舞は皇太子阿倍の立場を改めて確認する儀式となったが、それはまた貴族たちの理解と協力を求める手続きでもあったことに留意しておきたい。後に述べるように、貴族官人たちの間には、阿倍を正統な皇位継承者と認めない雰囲気があり、そのためにもここで阿倍の位置づけを明確にしておく必要があったのである。それだけ阿倍の立場が微妙であったことを示している。

こうして皇太子阿倍は男子に準ずる立場とされ、阿倍自身もそのことを強く自覚し、振舞うようになる。五節舞は一過性の華やかな儀式というにとどまらず、これからの阿倍の生き方に決定的な影響を与えたという点で、看過できないものがある。

立后路線の挫折

阿倍が立太子したことは、次の皇位継承者がほぼ決ったことを意味する。だとすれば、いままでふれなかったが、九年前の光明子の立后はどういう役割を果したことになるのであろうか。通説とまではいかないが、この立后を、将来女帝に立てることを見越しての措置であったとみる理解が、かなり受けいれられているからである（岸俊男「光明立后の史的意義」）。もしこの説が正しければ、阿倍の立太子は立后の意図と相反するものであり、光明子と阿倍の母娘は即位に向けて競合対立する立場に置かれたことになろう。

しかしこれはどう考えても有り得ない事態であり、将来の即位を予定したとする光明子の立后について、誤解があるとしなければならない。光明子に女帝となることが考えられていたとすれば、当然これまでにも即位の動きがあってよい。とくに阿倍の立太子時こそ、そうであろう。しかし光明皇后に即位の徴候は、一度としてみられなかった。だいいち、皇族でない者の即位が可能であったとは考えがたい。光明子立后の目的は以前述べたように、やはり別のところにあったとみるべきである。

光明子の立后はあくまでも基王（もとい）のあとに生れるであろう皇子のための措置であった（瀧浪「光明子の立后とその破綻」）。それまでの慣例から母が皇后（正妻）であることが、皇子の立太子にあたり卓越した立場をもつことができたからである。あとは皇子さえ生れればよかった。

そしてひたすら待った。それは聖武も藤原氏も同じであった。だが皇子は生れない。こうしてやむなく阿倍が立太子したが、それでも一縷（いちる）の望みは捨ててはいなかったはずである。

しかしそれも期待できなくなった時に行われたのが、皇太子阿倍の五節の舞である。阿倍が華やかに五節の舞を舞い終えた時、光明子立后の意図は、そのどよめきの中に消し去られたのである。これは光明子立后政策の破綻であり、これに費やした藤原氏の努力はなんら報いられることなく水泡に帰したといってよい。

光明子立后の破綻、阿倍の立太子は、しかし、あらたな混迷の第一歩となった。

安積親王の死

諸兄家と家持

繰り返していえば、阿倍内親王の立太子を理解する上で大事な点は、それが安積親王の皇位継承を否定するものではなかったという点である。それどころか、阿倍の立太子によって安積の次期継承者の資格が明確になったといってよい。しかしこの安積については、皇位継承上、藤原氏の推す阿倍と対立的立場にあったとし、橘諸兄を中心とする安積擁立派ともいうべき勢力が形成されていたとみるのがこれまでの通説である。その根拠としてしばしば引き合いに出されるのが天平十年（七三八）十月十七日、諸兄の子奈良麻呂が、諸兄の旧宅で催した集宴である。その折詠まれた歌は『万葉集』（巻八―一五八一～九一）に収めるが、参会者は久米女王・長忌寸の娘（名は不詳）・県犬養吉男・同持男・大伴家持・同書持・同池主・三手代人名・秦許遍麻呂という顔ぶれであった。県犬養氏の二人は諸兄の母三千代の縁戚で、かつ安積の母広刀自ともつながる者であり、家持・書持兄弟と一族の池主が出席する大伴氏は橘氏に親近感をもち、藤原氏の進めた阿倍の立太子に賛同しない旧氏族たちであった、とするのである。のちに橘奈良麻呂がクーデターを起した時、大伴池主が加担したことは事実であるが（天平宝字元年七月）、しかしわたくしは、この饗宴がそのような政治的な意味をもつ集りであったとは思わない。

以前述べたように、この天平十年は正月に阿倍内親王が立太子した年であるが、同じ日、諸兄（五五歳）が右大臣に任じられて政界の首班となっている。王族の出とはいえうだつの上がらない家系（父は左京大夫、摂津大夫を歴任した程度）の諸兄にとっては晩年に至って得た幸運であり、橘氏が飛躍するきっかけになった年である。当然考えられるように、その余慶は、長子奈良麻呂にも及ぶであろう。当時貴族社会では、蔭位（おんい）といって二一歳になると祖父や父の位階に応じて自動的に位階が与えられたからである。父の栄達は、時に一八歳であった奈良麻呂の将来にも、明るい希望を与えたに違いない。問題の宴は主催者である奈良麻呂の年齢から考えても、若い者たちの集りではなかったろうか。事実、大伴家持は二一歳、この年正月に内舎人（うどねり）（安積親王家の内舎人とする説もある）になったばかりと考えられ、池主よりは年長であったと思われる。その顔ぶれからも、この集宴が政治的な密議のためとは考えがたい。それよりもこれは、橘家の栄誉と奈良麻呂の前途を祝う集いであったと思う。

ここであらためて安積親王の立場を考えておきたい。

活道岡での集宴

安積親王と諸兄・奈良麻呂父子の交流を示すものはないが、家持が安積と親しい関係にあったことは、『万葉集』に収める以下のような歌からも知られる。

一つは、恭仁（くに）京時代の天平十五年の秋から冬にかけてと推定される時期、安積親王を迎えて催された宴での歌である。

安積親王、左少弁藤原八束（やつか）の朝臣（あそん）の家に宴せし日、内舎人大伴宿禰（すくね）家持の作れる歌一首

ひさかたの雨は降りしく念ふ子が宿に今夜は明かして行かむ（巻六―一〇四〇）

詞書きにみえる八束は房前の子（母は諸兄の妹、牟漏女王）で、諸兄は叔父にあたる。詩文の才があり聖武の寵遇をうけたが、従兄の仲麻呂がその才能をねたんでいるのを知り病気と偽って家にこもり、読書にふけったといわれる（『続日本紀』）。歌の内容から、家持とは気の置けない間柄であったことが知られ、安積を迎えての宴のなごやかな様子が伝わってくるようである。残念ながら安積の歌は知られない。ちなみにこの時安積親王は一六歳だった（八束は三〇歳、家持は二六歳）。

翌十六年正月十一日、活道岡の酒宴で詠んだ歌も安積との関係を示すものとして注目されている。

同じ月十一日、活道の岡に登り、一株の松の下に集ひて飲せる歌二首

たまきはる寿は知らず松が枝を結ぶこころは長くとぞ念ふ（巻六―一〇四二）

（市原王の歌一首は略）

家持とともに集い歌を残した市原王は安貴王（天智天皇の曽孫）の子である。

この活道岡（山）は、いま加茂町瓶原地区の流岡山とも、和束町白栖村付近ともいわれて明らかではないが、安積親王の恭仁京時代の邸宅のあった所と考えられている。その安積の長寿を参加者たちが祈ったのがこの会であった。

阿倍が五節舞を舞い皇儲としての正統性を表明して以来、それにつぐ皇位継承者としての安積の立場は日増しに高まっていた。先の藤原八束宅での集宴も、この活道岡での集いも、ともに五節舞以後のことであり、そうした安積の立場を暗示するものであろう。貴族官人たちの安積に抱く期待感といったものがくみとれるようだ。

ところがその安積親王が、活道岡での集宴からわずか一ヵ月後に急死した。直接の死因は明らかでないが、家持の落胆ぶりは大変なものであった。『万葉集』には家持の挽歌（六首）を収めるが、二月三日（巻三―四七五～四七七）の作と三月二十四日（巻三―四七八～四八〇）のうち、ここでは後の歌（三首）を掲げておく。

家持の挽歌

かけまくも　あやにかしこし　わが王　皇子の命　もののふの　八十伴の男を　召し集へ　率ひ賜ひ　朝猟に　鹿猪践み起し　暮猟に　鶉雉履み立て　大御馬の　口抑し駐め　御心を　見し明らめし　活道山　木立の繁に　咲く花も　移ろひにけり　世の中は　かくのみならし　丈夫の　心振り起し　剣刀　腰に取り佩き　梓弓　靫取り負ひて　天地と　いや遠長に　万代に　かくしもがもと　憑めりし　皇子の御門の　五月蠅なす　騒く舎人は　白細に　服取り著て　常なりし　咲ひふるまひ　いや日けに　変らふ見れば　悲しきろかも

反歌

愛しきかも皇子の命のあり通ひ見しし活道の路は荒れにけり

大伴の名に負ふ靫帯びて万代に憑みし心何処か寄せむ

長歌は、その内容から「世の中はかくのみならし」で前段と後段にわかれる。土橋寛氏（『万葉開眼』下）による前段の大意は、「安積皇子が多くの官人たちを引きつれて狩をし、また馬を留めて、見て気晴らしをされた活道山は、皇子が亡くなった今、木立の繁みに咲く花も力を失って色あせてしまった。世の中はこんなに無常なものであるのだろう」というものである。「王」「皇子の命」といった呼称に、安積に対して抱く家持の意識が示されている。それは後段にみる「天地といや遠長に万代にかくしもがもと憑めりし皇子の御門」との表現に連なるものであり、安積親王を将来の皇位継承者として期待し、その安積への奉仕を願う家持の感情の表われとみてよいであろう。とくに「天地といや遠長に万代に」の言い回しが、「天地とともに遠く長くかわるまじき常の典」――いわゆる不改常典や、聖武天皇即位の宣命にみえる「かけまくも畏き淡海大津宮御宇倭根子天皇（天智天皇）の万世にかわるまじき常典と立て賜ひ敷き賜へる……」との表現に類似したものであるのは、安積の立場を考える上で示唆的である。

なお反歌の第二首にみえる「大伴の名に負ふ靫帯びて」は、古来、大伴氏が「内の兵」として天皇の近侍護衛を任務としてきた一族の伝統を述べたもので、ここにも王権の未来に寄せた強い期待が表われている。それだけにこの挽歌には深い絶望と落胆の思いがこめられている。

留意すべきは、家持の挽歌にうたわれているように、皇位継承者としての安積の立場が、決して口外を憚るようなものでなかったことである。通説のごとく、安積が皇太子阿倍内親王の敵対者であり、家持たちがひそかにその擁立を狙っていたとするなら、このような表白はできなかったはずである。哀惜の情をこれほど自然に詠み込むことができたのは、安積の将来に対する期待が家持だけの個人的なものでなく、ひろく貴族社会に共通した認識であったからである。安積は、阿倍の立場を否定する存在ではなかった。それどころか阿倍の次に期待されたのが安積であり、阿倍あっての安積であった。

それが聖武の描いた構想であったとすれば、安積を詠んだ家持の一連の歌は、そのまま聖武の気持を代弁するものであったといいえよう。

桜井頓宮での脚病

安積親王の死については、急であっただけに不可解な点が少なくない。阿倍の将来にとってもこの異母弟の死は決して無関係ではない。安積が亡くなった経緯を述べ、その死について考えてみたい。

それは天平十六年（七四四）閏正月、難波行幸の途次の出来事であった。

これより四年前の天平十二年、九州で起った藤原広嗣の乱を機に平城京を離れた聖武は、恭仁京に移り、宮の造営を進めていた（瀧浪「聖武天皇彷徨五年の軌跡」）。阿倍の五節舞はその間、天平十五年五月のことであったが、その年十二月に至って造宮工事を停止し、越えて新年早々、突然、難波行幸の準備をはじめている。ついで難波への遷都を実現するため、恭仁京と難波京のどちらを都とすべきかを問い、人びとの合意を取りつけようと試みたが、結果は過半数が難波遷都には反対であった。にもかかわらず一週間後の閏正月十一日、聖武は難波行幸を断行した。安積親王もこれに扈従したが、事故が起ったのはその折のことである。『続日本紀』は次のように記す。

　是の日、安積親王脚の病によりて桜井の頓宮より還れり。丁丑（十三日）薨す。時に年十七。従四位下大市王、紀朝臣飯麻呂らを遣し喪事を監護せしむ。親王は天皇の皇子なり。母は夫人正三位県犬養宿禰広刀自、従五位下唐の女なり。

「脚の病」で桜井頓宮より恭仁京に引き返し、二日後に亡くなったというものである。安積の死を伝える唯一の記事であり、具体的なことはこれ以上わからないが、安積が引き返した桜井頓宮（仮宮）についてはこれまで、①現大阪府三島郡島本町桜井、もしくは②現東大阪市六万寺、と考えられてきた。最近では主に後者（②）の説がとられているが、わたくしは前者（①）の可能性も捨て切れないように思う。というのは聖武一行が、恭仁から㋑木津川を利用して下り、淀川を経由して難波に至る水路（同年二月二十日、恭仁宮の兵器をこのルートで難波に運んでいる）をとった場合と、㋺同じルートで三島路（摂津国嶋上・嶋下郡を通る山陽道。二月二十四日、聖武はこのルートで難波から紫香楽に行幸している）に至り、これを経て難波宮に入った場合が考えられるからである。いずれのコースを取るにせよ、恭仁宮からは木津川を利用して山崎に出たことは間違いなかろう。①の島本町桜井はその山崎のすぐ近くである。

これに対して②の桜井は『和名抄』にみえる河内国桜井郷のことで、いま小字「桜井」が残る。この場合、一行は木津川を渡って西進し、暗峠の南、鳴川峠を越えて難波に向ったと思われる。当時、この桜井の辺りから難波の四天王寺に向う直線道が走っていたと考えられており、可能性は高いが、恭仁からこの桜井に出るにはその間に険しい山道があり、にわかには首肯しかねるものがある。

①②のいずれとも判断しがたいが、どちらの「桜井」からも恭仁京に戻るよりは難波へ行く方が近い。にもかかわらずなぜ安積は引返したのか、疑問が残るところであろう。桜井はもっと恭仁京に近いところにあった別の場所なのかも知れないが、安積が引返したのは、「遷都」の儀に支障をきたすことを避けたものと思われる。このあとの聖武の行動をみると、難波での滞在もそこそこに紫香楽へ向っている。「脚の病」が治れば安積を直接紫香楽へ呼び寄せるつもりであったのかも知れない。

それにしても途中で引返したのはまだしも、その二日後に亡くなったというのも早すぎる。安積にはそれ以前から病状が進行していたのか、それとも「脚の病」がよほど急性だったのか。

これについて十世紀前半に作られた百科辞書『和名抄』には、「脚気一に脚病といふ、俗に阿之乃介と云ふ」と記されており、脚気のことと考えられている。いわゆるビタミンB_1の欠乏によって手足がしびれたりむくんだりする病気であるが、十世紀後半の医学書『医心方』をみると、動悸や息切れ、吐き気などさまざまな病状を伴うことが知られていた。また近代医学で脚気衝心と呼ばれる症状は心臓が肥大し、呼吸困難や意識不明に陥って急死するといわれるから、安積もこの種の病で急逝したということなのだろうか。

急死か？暗殺か？

早過ぎる安積の死因については、古来、その不自然さから、藤原氏によって暗殺されたとみる意見が強い（横田健一「安積親王の死とその前後」『白鳳天平の世界』）。その論拠としてあげられるのが、一つは、恭仁京に留守官として残っていた藤原仲麻呂の名が、安積没後の二月二日、新たに任命された留守官の中に見出せないことで、これを仲麻呂が暗殺に関与したことによる処罰の結果とみるのである。二つは、活道岡で大伴家持の詠んだ歌が、安積急死の一ヵ月前のものであったことからの判断として、親王は死ぬ直前まで元気であったとし、これを暗殺説の根拠とする。三つは、やはり親王没後の二月一日、恭仁にあった駅鈴内外印を難波に移させていることで、これを宮廷の変事すなわち暗殺事件に対処する措置とみなしている。

なかでも有力なのが、第一の仲麻呂処罰説に基づくものであろう。しかしこの説の決定的な難点は、その後仲麻呂の身柄が拘束された気配がまったくないことである。犯人を放置し、野放しのままであったとは考えがたい。それどころか、仲麻呂は翌天平十七年（七四五）正月、紫香楽宮で行われた叙位では従四位上から一挙に二階級特進して正四位上となり、同年九月には近江守に任じられている。これは他の例からしても、仲麻呂が下手人であれば有り得ないことである。恭仁京の留守官を解かれたのは、紫香楽宮での叙位が示すように、当時紫香楽宮にいた聖武天皇のもとに赴き、これに従ったからであろう。そしてこれを機に仲麻呂は、聖武天皇の造仏事業を推進するためその補佐に当ったとみられる。右にみた仲麻呂の二階級昇進は、このことに対する勧賞の意味があったと思われる。

第二の家持の歌については、これを根拠に、安積が引返す途中、「脚の病」につけこんで、仲麻呂の妻、袁比良（古）に一服盛られたとする理解も生れているが（角田文衛「藤原袁比良」）、いずれも憶測の域を出るものではない。「脚の病」が急死につながる可能性があることは前に述べた。

第三の鈴印の取り寄せは、難波遷都に対する措置とみるべきであろう。恭仁から難波への遷都が世論の反対を無視した形で断行されたため、鈴印の取り寄せが遅れてなされたものと考える。

以上のことからわたくしは、安積親王の死は予期せざる事態ではあったが、決して不自然なものではなかったと考える。

たしかなことは、安積の死によって、皇位継承について描く聖武の構想が潰え去ったという事実である。

基王が亡くなり、いままた安積親王を失った聖武の心中が思われる。

和束の墓

安積親王の葬儀は型通りに行われたようだ。『続日本紀』には、亡くなったその日、大市王と紀飯麻呂らを派遣して葬事を監護せしめたとある。

聖武は、安積が恭仁へ引返したあと、そのまま難波へ向い、親王没後も恭仁京に戻った形跡はない。翌年五月、平城還都の途次に立ち寄っただけで、それも数日間の滞在にすぎなかった。それればかりではない、聖武は安積没後一ヵ月の二月十日には和泉宮に行幸、同二十二日には安曇江に行幸して松林を遊覧している。阿倍内親王の立太子後、聖武が安積に将来への期待を抱き、それに沿うような措置を取っ

安積親王墓（京都府和束町）　孤立した小丘陵の頂上にある．周囲は見事な茶畑

てきたことからすれば、没後の扱いは簡略に過ぎるように見受けられる。しかし安積は基王と違って庶子であり、皇太子という立場にあればともかく、いわば潜在的な皇位継承者であった以上、格別不当な扱いというのは当らないであろう。

安積親王の死が聖武天皇に与えた衝撃ははかりしれないものがあったと思われる。難波遷都もそこそこに二月二十四日、聖武は紫香楽宮へ赴き、大仏造立に専念し、十一月には骨柱が建てられるまでになっているが、わたくしには、安積の死が聖武を造仏事業へのめり込ませていったように思われて仕方がない。

安積親王の墓は恭仁京の東北、いま和束町白栖の大鼓山（たいこ）にある円墳がそれと伝える。かたわらを和束川が流れる茶畑の中にある。

親王の陵墓に治定されたのは明治十一年のことで、それ以来、三月五日を命日として祭が行われているが、古墳そのものは時代を遡るものであるという。そうしたことから陵墓を加茂町の活道(いくじ)岡や流岡山(恭仁大橋北詰の東に孤立している丘)あるいは銭司の岡田銅山の王廟山にあて、和束説に反対する意見もある(『和束町史』一巻)。

いずれとも決しがたいが、聖武が大仏造立のために開いた恭仁京から紫香楽に通じる東北道が、いまの信楽街道に沿ったものとみるならば大鼓山はその沿道にあり、いかにも親王の陵墓にふさわしい姿をもつ。

なお大鼓山のほど近くに、江戸時代、後水尾中宮の東福門院和子が帰依したという正法寺がある。寺伝によれば天平年間、行基(ぎょうき)が安積親王の冥福を祈って開創したという。むろん真偽は明らかでないが、和束説を考える参考にはなろう。

「皇嗣立つることなし」

安積親王の死は聖武の最後の撰択—聖武直系への相承構想をも瓦解させてしまった。考えてみると、これまでに描いた聖武の構想はどれひとつとして報いられることがなかったといってよい。残された阿倍内親王への期待が大きくなっていくのも無理からぬところであろう。それに応えるかのように、阿倍自身も唯一の嫡系であることを強く自覚する。

奈良麻呂の意識

ところがそうした聖武らの意識とは裏腹に、貴族間では皇位継承への不安や批判がくすぶりつづけていた。それがはじめて表面化したのは、聖武が重態に陥った時である。

話は安積親王が亡くなった翌天平十七年に遡（さかのぼ）る。

この年五月、聖武は紫香楽での大仏造立を断念し、五年ぶりに平城京に戻った。しかし八月になるとまたまた難波へ行幸するが、難波宮に到着後まもなく病床についたようだ。一進一退のまま不安定な容態が一〇日以上も続き、ついに九月十九日には、平城宮や恭仁宮の留守官に命じて厳戒体制をとらせ、また平城宮にあった鈴印（駅鈴と内外印）を難波に取り寄せているから、聖武の病状がただごとでなかったことが知られる。

事実この時、聖武の崩御を予測した不穏な動きが起っていたのである。

それがわかるのはのちになってからであるが、天平宝字元年（七五七）に発覚した橘奈良麻呂の変において、その一味として嫌疑をかけられ勘問された陸奥守佐伯全成の自白が、『続日本紀』に記されている。

> 去る天平十七年、先帝陛下難波に行幸せしとき、寝膳宜しきに乖へり。時に奈良麻呂、全成に謂りて曰はく、陛下、枕席安からず、殆んど大漸に至らんとす、然れども猶、皇嗣を立つること無し、恐らくは変有らんか、願はくは多治比国人・多治比犢養・小野東人を率ゐて黄文を立てて君と為せば、以て百姓の望に答へん。大伴・佐伯の族、此の挙に随はば前に敵無からん。（後略）

去る天平十七年に聖武天皇が重態に陥られた時、橘奈良麻呂が自分に語るには、天皇はもはや危篤なのに、まだ皇嗣が立てられていない。このまま崩御されればおそらく事変が起るであろう。多治比国人・同犢養・小野東人を率いて黄文王を天皇に立て、是非とも百姓の望みに答えたい。大伴・佐伯の両氏がこの計画に同調してくれれば、必ずや勝利すること間違いなし、といって誘ったというものである。この事件については後に取上げるが、ここで奈良麻呂のいった「先帝陛下」の「寝膳、宜しきに乖へり」という状況が、鈴印を取り寄せ、非常態勢がしかれるなど難波宮での事態をさすことはいうまでもない。奈良麻呂はこの機に乗じて黄文王を擁立すべくクーデターを企てたのである。黄文王は長屋王の子（母は不比等の娘）である。

それにしても天平十年に阿倍が立太子してすでに七年がたつ。にもかかわらず「なお、皇嗣を立つることなし」といった奈良麻呂の意識はどういうことなのか。阿倍内親王が結局は皇嗣＝嫡子として認められていないことではないか。かつて太上天皇元明の崩御が引き金となって噴出した批判、ことに多治比三宅麻呂（みやけまろ）・穂積老（ほづみのおゆ）事件が想起されよう。それは未婚の女帝、元正朝の否定であった。「皇嗣立つることなし」と吐いた奈良麻呂の意識は、皇太子阿倍を否定するという点で三宅麻呂らの元正批判と相通じるものであった。

いったんは危篤に陥った聖武であるが、まもなく回復し、平城宮に還御する（九月二十六日）。奈良麻呂の計画もこの時は表沙汰にならないまま終っている。しかしこの事件が阿倍の地位の不安定さに由来するものとすれば、再燃の恐れはたえずあったということだ。皇嗣すなわち皇位の継承者は男子であるという認識が無条件の原理となっていたことを知る。それが安積の死を契機として、噴出したように思われる。

孫王の召集

ところで安積を失った聖武は、その後、皇位継承の構想をどのように描いていたのか。それについては、聖武が重態に陥った時にとられたもう一つの措置が、聖武自身の意識をうかがわせるものとして重要である。『続日本紀』天平十七年九月十九日条に、次のように記す。

天皇不予、平城・恭仁の留守に勅して固く宮中を守らしめ、悉くに孫王等を追（め）して難波宮に詣でしむ。使を遣して平城宮の鈴印を取らしむ。

万が一に備えて皇権のシンボルともいうべき鈴印を取り寄せるとともに、この日恭仁や平城にいた孫王らが召集され難波に集められたというのである。孫王とは天皇の孫、つまり二世王をさすが、この時の聖武には兄弟も皇子もいない。また元明や元正はむろん、父の文武にも男兄弟はいないから、この場合の孫王は天智天皇なり天武天皇にまで遡っての呼称とみてよいであろう。
ちなみにこの時点では、天智や天武の子（つまり一世王）はすべて亡くなっており、聖武自身は天武の曾孫にあたる。したがって孫王は、いわば天智・天武に一番近い世代ということになる。

さて、召集された孫王らの人数や顔ぶれなどは明らかでないが、当時天武系では塩焼王・道祖王（以上は新田部親王の子）、栗栖王・智努王・大市王（以上は長親王の子）、大炊王・三原王・三嶋王・船王・池田王（以上は舎人親王の子）などがおり、天智系では白壁王・湯原王（以上は施基親王の子）らが考えられよう。もっとも塩焼王についてはのちに述べる事件によって配流され、この時は召還されてはいたが復位はしておらず、召集されなかった可能性もある。

それはともかく、病床の聖武はかれらを召し集めて何を話したのであろう。万一の場合、皇親として阿倍内親王の藩屏となり支えてくれるよう願ったのではあるまいか。

安積親王の死が、皇嗣を持たない阿倍の立場を不安定にさせる要因になることを聖武は百も承知していた。したがって聖武が恐れたのは、王臣たちが阿倍のライバルとなることであった。一歩間違えば政敵ともなる孫王に対して、阿倍が優位に立てるのは、嫡系であるという正統性以外にはなかった。のちに阿倍は、父の聖武が群臣たちを前に、自分に子供は二人といない、ただこの皇太子阿倍内親王一人が自分の子であるから二心なく仕えよ、と命じた言葉を披露するが、おそらくこの時の聖武も、孫王たちの前で阿倍の正統性を述べ、かれらの協力を要請したものと考える。

このことに関連して留意されるのが、一一年後、死を迎えた聖武が遺詔によって道祖王を立太子することである。道祖王は天武天皇の孫王である。この問題については改めて取上げるが、このことは皇子を失った聖武にとって、阿倍内親王のあとの皇位は天武の傍系に期待せざるを得なかったことを示している。とすれば前に記した通り、同資格をもつ孫王は少なくはなかったから、道祖王に限るものではなかったはずである。事実、この道祖王は聖武没後、仲麻呂によってただちに否定されてしまう。

つまり皇位継承権の天武系諸王への拡散は、いたずらに混乱をひき起す以外の何ものでもなかったということだ。だからこそ、聖武もそのことを予見し、阿倍に対して、「朕が立てある人と云とも、汝が心に能からずと知り、目に見てむ人をば、改へて立む事は心のまにまにせよ」(『続日本紀』神護景雲三年十月一日条)といい、意にそぐわなければ王にでも奴にでも自由にせよ、とまで述べ、道祖王に対する与奪権を阿倍に託したのである(一一一頁)。

しかし大事なことは、この道祖王の立太子によって、嫡系相承の原理が聖武自らの手で放棄されたということである。しかも聖武のこの撰択は遺詔の時点でにわかに着想されたものではなく、すでに安積が亡くなった時点で構想されたものであった。難波宮へ孫王らを召集しかれらの協力を求めたのが、その具体化の第一歩であったと考える。

もっともこの時聖武は快癒し、九月二十六日、平城宮に戻っている。

悲しき皇太子

安積を失って後、聖武にとって皇位継承は出口の見えない迷路に入ってしまう。事実、『続日本紀』天平勝宝元年(七四九)二月二十一日条によれば、社会的動揺や不穏な動きが徐々に広がりつつあったことがうかがわれる。

朝庭の路の頭に、しばしば名を匿せる書を投ぐるを以て、詔を下し、百官及び大学の生徒を教誡して、以て将来を禁ず。

朝庭（廷）の路のほとりというから、宮城内の道であろうか、匿名の投書が多数投げ捨てられているのを、詔を下して禁じたものである。詔の対象が官人と大学寮の学生であるのは、かれらの中に投書する者が多数いたことを示している。その内容も、いわゆる密告や個人的中傷といった類の投書ではなく、朝廷に向けられたもの、すなわち聖武朝への政治批判とみなければいけない。となれば、それが皇嗣問題に関わるものであった可能性は大きい。阿倍が立太子してすでに一一年がたっている。皇太子位の期間は文武の半年はともかく、聖武の一〇年間をも超えていたことになる。しかも阿倍は三二歳、これまでのどの皇太子よりも年長になっていた。

匿名の投書は、おそらくそうした皇嗣問題の将来に対する世間の批判の類とみてよいであろう。それは奈良麻呂の認識と共通するものであったとみる。阿倍はいくら長期にわたって存在しても、世間の認めるところとはならない、悲しい皇太子であった。

阿倍は即位以前から不安要因を宿していたことになる。しかも阿倍を取り巻く暗雲は徐々に広がりつつあった。

女帝の歳月

西暦	年号	(年齢)	
718	養老2	(1)	誕生
738	天平10	(21)	立太子
749	天平感宝元 天平勝宝元	(32)	**即位** 行基(82)没．陸奥から黄金献上．聖武天皇東大寺に行幸．聖武天皇出家，譲位．紫微中台を設置
750	天平勝宝2	(33)	吉備真備筑前守に左遷
752	天平勝宝4	(35)	大仏開眼会
754	天平勝宝6	(37)	鑑真来朝．藤原宮子没
755	天平勝宝7	(38)	年を歳に改め天平勝宝七歳とする．橘諸兄の謀反密告さる
756	天平勝宝8	(39)	橘諸兄辞任．聖武上皇(56)没．道祖王立太子．大伴古慈斐・淡海三船事件．聖武天皇遺品を東大寺に献納
757	天平宝字元	(40)	橘諸兄(74)没．道祖王廃太子，大炊王立太子．孝謙天皇田村宮に移御．藤原仲麻呂紫微内相．養老律令施行．橘奈良麻呂の変
758	天平宝字2	(41)	譲位
762	天平宝字6	(45)	出家
764	天平宝字8	(47)	重祚
770	宝亀元	(53)	没

女帝誕生

二つの宣命

天平二十一年（七四九）二月、陸奥国小田郡から黄金が出土したとの報が飛び込んできた。四月一日、聖武天皇は東大寺に行幸し、造営中の盧舎那仏に礼拝してこれを報謝し喜びを表わしている。

東大寺は平城京の東郊外にあり、亡き聖武の皇太子基王の菩提寺として営まれた金鐘（鍾とも）寺が前身である。五年前、平城還都によって停止された紫香楽での大仏造立がこの地で再開された折、大仏を本尊とする総国分寺として新たに規模を拡大して建立されていた。

東大寺の地での大仏造立事業はおおむね順調に進んだが、唯一心配だったのが、大仏の鍍金に必要な金の入手であった。当時、日本では金が産出しないと考えられていたからである。その金が取れたという。聖武の喜びは想像にあまりある。

『続日本紀』によると天皇は、群臣百寮と士庶（下級官人および一般民衆）を従えて進み、前殿（大仏の前に造られた礼拝用の建物。大仏殿は未完成であった）に御して盧舎那仏に北面して坐したが、これに皇后光明子と皇太子阿倍内親王が侍したという。天皇が一般庶民とともに礼拝するのも珍しいが、わたくしはとくにこの時、聖武が仏前で読ませた二つの宣命に注目したい。

第一の宣命は、左大臣橘諸兄に読ませて盧舎那仏に奏上したもので、趣旨は次のごとくである。

「三宝の奴」としてお仕えいたします天皇が申しますには、わが国にはないと思っていた黄金が陸奥国から産出したことは仏の恵みであると喜び、百官の人どもを率いて礼拝し、報告申し上げます、ということを奏上いたします。

これに対して中務卿石上乙麻呂に読ませた第二の宣命は、親王をはじめ百官・士庶に下されたものである。『続日本紀』の中ではもっとも長文の宣命であるが、次の四点に要約される。

① 皆は大仏の造立工事が完成しないのではないかと疑い、朕も黄金の不足を心配していたが、三宝や神祇の加護をえて陸奥国から黄金が産出した。この喜びを皆々と分ち合い、年号に文字を加えたい（天平感宝と改元）。

次に言葉を改めて、

② 諸社寺に感謝し、神職・僧尼および歴代天皇陵に奉仕する陵戸に恩典を与えたい。また功臣たちの墓所を穢さないようにしてほしい。

③ （聖武の）父である文武や元明・元正と、母宮子のお蔭で天下を治めてこられたが、それだけでなく天智天皇の「大命」として歴代天皇に伝えられてきたのは、どの時代にも大臣たちが仕えてくれたから「天日嗣は平けく安けく」あったということであり、この言葉を決して忘れるでない、と元正上皇は朕に仰せられた。

そして以下は功臣・子弟への処遇に関するものである。

④　橘三千代は不比等亡きあとも朝廷によく仕えてくれて嬉しく思うので、子孫を優遇しよう。功臣の子孫たちも祖先の家門をけがさず朝廷に奉仕してほしいので男女を問わず恩典を与えよう。また黄金を発見した者および陸奥国司・郡司・百姓にも恩典を与える。

こうした処遇の中でもっとも面目を施こしたのが、大伴氏とその一族の佐伯氏であった。④において聖武はとくに両氏に対し、「海行かばみづく屍、山行かば草むす屍、王のへにこそ死なめ、のどには死なじ」といい伝えてきた両氏の祖先の忠誠心をほめたたえたあと、それゆえに朕の世においても「内兵」として護衛に用いてきた、この心を失わないで仕えよ、との言葉を与えている。聖武のこの上ない信頼を表わす言葉に、両氏の者たちが感激に打ち震えたであろうことは想像にかたくない。「陸奥国より金を出だせる詔書を賀く歌」と題して、この日の感懐を長歌に詠んだ家持が、その中で「海行かば云々」と、聖武の言葉を反復し、大伴家の伝統とその強い自覚を歌ったことは有名である（『万葉集』巻十八―四〇九四）。

聖界と俗界　盧舎那仏と臣下それぞれに対する二つの宣命には聖武の決意や思惑がこめられていた。あらためて二つの宣命について考えてみたい。

まず第一の宣命で気になるのは、盧舎那仏に向った聖武が自らを「三宝の奴」と称していることである。これは明らかに仏に対して〝臣従〟を誓ったものであり、またこの時聖武が大仏に北面して坐したのも、その気持ちの現われとみてよいであろう。中国の故事を持ち出すまでもなく、天皇は南面、臣下は北面して対座するのが通例だったからである。聖武の姿勢は、みずからが仏弟子となって仕えることの表明であり、それには近い将来における出家の意図が込められていたとみる。出家は、むろん聖武の譲位を意味する。

これに対して政界（俗界）を治める天皇として下した第二の宣命では、元正上皇の言葉をかりて天智の「大命」を持ち出し、天皇家内部の結束を呼びかけているのが印象的である。聖武の即位の拠り所として用いられた「不改常典」の創始がやはり天智であったことと重ね合わされて、意味深い。

第二の宣命に関して奇異に思うことが二つある。

一つは、この日の褒賞の顔ぶれに、当時政界のトップである左大臣橘諸兄や次席の大納言藤原豊成らが見当らないことである。朝廷を補佐してきた大臣たちへの感謝をいうのであれば何を措いても橘氏と藤原氏のこの二人であろう。その二人の名が見えない。しかしその疑問は二週間後に氷解する。すなわち十四日、聖武はふたたび東大寺に行幸し、詔によって諸兄を従一位から正一位に、豊成（従二位）を右大臣に任命しているからである。聖武の思いは二度にわたる行幸によって果されたとみられる、というより、ことさら二度に分けることで両氏への特別の謝意を表わしたのである。心憎いばかりの聖武の演出といわねばならない。

その二。それにしても奇異に思われるのは、大伴氏と佐伯氏に対する聖武の信頼ぶりが突出していることで、行幸の趣旨に照らしても不自然の感をまぬがれがたい。これも聖武が格別の意味を込めて行ったパフォーマンスであったのではないか。

そこで想起されるのが、二ヵ月前、匿名の落書が朝廷に多数投げ捨てられていたことである。その際ふれたように、内容は皇嗣問題をめぐる朝廷への批判であったと思われる。むろん聖武はそうした不満のあることを十分に認識していた。大伴・佐伯氏に対する特別の言葉は、「内の兵」としての大伴・佐伯氏によりそうした不穏な動きを封じ込めるという意図を言外に示したものであったといえるのではないか。それ以外には考えがたい。聖武の政治性の一端がここにもうかがわれる。

譲位のセレモニー

阿倍を立太子させて以来、聖武の最大の課題は自身の譲位の時期であった。皇嗣問題への批判を抑えるためにも、阿倍を即位させ、皇位継承への筋道を明らかにしておく必要があったからである。それを聖武がここまでのばしてきた最大の理由は、聖武の悲願だった大仏造立の未完成にあったとわたくしは見る。そのことはのちに「もし朕が時に造り了ること得ぬこと有らば、願はくは、来世に身を改めて猶作らむことを」(『続日本紀』天平宝字二年八月九日条)との述懐にもうかがわれよう。その造仏事業に一応のメドがついたことで聖武は譲位を決断する。

このように見てくると、二度の東大寺行幸は、じつはすでに意を決していた譲位のプレセレモニーともいうべきものであったと思う。皇后と皇太子を供奉し、一般庶民をも率いての礼拝は、知識を天下に求めて大仏造立を提唱した聖武の考えそのものであり、聖武にとってはまさにこの礼拝が事業の総仕上げの意味をもっていた。それが大仏の開眼供養(かいげんくよう)の日を待たずに行われているところに、かえって、この事業にかけた聖武の深い思いが感取されよう。

ちなみに『続日本紀』には東大寺行幸を終えたあとの閏五月二十三日、「天皇(聖武)、薬師寺宮に遷御して御在所としたまふ」とある。これは聖武が宮廷を去り、薬師寺の一画を御在所とする出家生活に入ったことを意味している。おそらく東大寺行幸を終えてまもなく出家したのであろう。

阿倍が大極殿(だいごくでん)で即位したのはそれから一ヵ月余後のことである。

もっとも聖武の譲位については少し説明を要する。『続日本紀』にはこの年七月二日、すなわち阿倍が即位した日の記事に、譲位の宣命と阿倍（孝謙）の即位の宣命を合わせて収めている。しかしこれ以前、薬師寺に入る三日前の閏五月二十日、大安寺以下諸寺に種々の物や墾田を施入した時に付せられた願文には、聖武自身が「太上天皇沙弥勝満」と称している。願文に従えば、この時点で出家し、譲位もしていたことになる。しかし阿倍の即位が七月二日で間違いないとすれば、その間一ヵ月半の空位が生ずることになり、事実としてはありえない。したがってここにいう「太上天皇」の語は願文において聖武が示した願望であり、譲位への意志表示とみるべきものと考える。

もう一度確認しておくと、東大寺行幸は譲位の決意を秘めてのものであった。そして行幸を終えた聖武は出家した。「太上天皇沙弥勝満」の語は、聖武の譲位に対する強い決意の表れとわたくしは理解する。

消えた「不改常典」

『続日本紀』天平二十一年（七四九）七月二日条は、「皇太子、禅を受けて大極殿に即位したまふ」と記したあと、先にふれたように聖武の譲位の宣命と孝謙の即位の宣命を収めている。まず譲位の宣命の大意を述べると、

汝（聖武）は天智天皇の「改るまじき常の典と初め賜ひ定め賜ひつる法」の通りに即位して、この天下を治めよ、という元正天皇の仰せによって皇位につき、天下を治めてきたが、「万機密く多くして」我が身がたえられなくなったので、「法のまにまに」皇位を「朕が子王（阿倍）」に授ける。

というものである。譲位の理由について、「万機密く多くして、御身敢へ賜はず」と述べていることから、病気がちであった聖武は精神面でも無気力、なげやりになったとみて、阿倍の即位を願う光明子が

聖武に譲位をすすめた、とみるのが通説である。聖武の譲位も孝謙の即位もすべて主導権を握る光明子の意向とみるわけである。しかしそうだろうか。

聖武の体調がすぐれなかったことは事実である。平城還都後の天平十八年以降、元日朝賀の儀が停止されているのは、すべてではないにしても、聖武の不調と無関係ではない。しかしこれまで見てきたように、聖武は皇位継承について明確な考えをもち、譲位の時期も慎重に選んでいた。そうした聖武の意思を無視して、すべてを光明子の策と断定するのは論外である。

これにつづく孝謙の即位の宣命は次の通りである。

掛けまくも畏き我皇天皇、斯の天つ日嗣の高御座の業を受け賜はりて仕へ奉れと負せ賜へ、頂に受け賜はり恐まり、進みも知らに退きも知らに、恐み坐くと宣りたまふ天皇が御命を、衆聞こしめさへと勅る。故、是を以て、御命に坐せ、勅りたまはく、朕は拙く在れども、親王等を始めて王等・臣等、諸の天皇が朝廷の立て賜へる食国の政を戴き持ちて、明き浄き心を以て誤を落すこと無く助け仕へ奉るに依りてし、天下は平けく安けく、治め賜ひ恵び賜ふべき物にありとなも、神ながら念し坐さくと勅りたまふ天皇が御命を、衆聞きたまへと宣る。

大意は、（先の）聖武天皇の大命をうけたまわって恐れ多く思い、愚かな私ではあるが、親王たちをはじめとして諸臣の助けを得て、天下を治めていきたい、というものである。従来の即位の宣命に比して、格別特徴があるわけではないが、注目されるのは「不改常典」の語が出てこないことである。前半（聖武の宣命）では聖武の即位が天智天皇の定めたという、いわゆる「不改常典」にのっとったものであり、その「法」（不改常典）に従って阿倍に譲位するという点が強調されているのに対して、後半（孝謙即位の宣命）で、当然あってしかるべき「不改常典」の語が一回も出てこないのはなぜか。

これ以前、持統や元明・元正女帝はその即位の宣命で、自らの役割を「不改常典」によって皇位を文武や聖武に伝えることだと述べていた。「不改常典」とは男子嫡系相承を標傍するものであり、前記三代の女帝はそれを実現するための中継ぎ役に徹していた。しかし孝謙は違っていた。立太子という手続きをへて即位したのが男帝と同じであることの表明であった。だが即位にあたり「不改常典」を持ち出すことはできなかった。持ち出せば男子嫡系相承の原理により、女帝である自らの立場は否定されてしまうからである。そしてこれが終生ついて回った孝謙の負い目となった。

孝謙はのちに淳仁（じゅんにん）天皇の廃位と引きかえにもう一度即位（重祚）するが、その時もこの「不改常典」を口にすることはない。

知識寺での絆

金剛生駒山系の西麓、奈良盆地の水を集めた大和川と石川との合流点近くに、その寺―河内知識寺はあった。早くに廃絶し、近くの石神社境内に置かれているのが、東塔跡から出土した礎石と伝えている。寺は石神社の西方にあり、いま路傍に「河内知識寺跡」の石標が立っている。

はじめての行幸

天平勝宝元年（七四九）十月九日、孝謙天皇がこの知識寺に行幸している。即位後はじめての行幸であった。十四日には石川のほとりに出かけ、行幸時の慣例に従って、近辺の志紀・大県・安宿三郡には未納の出挙本稲と利稲分を、右の三郡を除く河内国の諸郡には利稲分を免除している。ついで十五日には河内国の寺六十六区に住持する僧侶（尼）に物を与え、また仮宮として私宅を提供させた茨田弓束女に叙位したあと、その日のうちに大郡宮に還御している。六泊七日の行幸であった。それにしても即位早々のこの行幸には、格別の理由があったに違いない。

知識とは、仏の功徳にあずかるために浄財を喜捨することで、文字通りそうした人びとの協力（知識

知識寺塔礎（大阪府柏原市）
旧跡より東にある石(いわ)神社の境内に移されている

結（ゆい）によって建てられたのが知識寺である。河内知識寺というからには、一国範囲の知識結で造られたものであろう。その本尊が盧舎那仏であった。光明子とともにこれを礼拝した聖武天皇が、自分もいつかこの像を奉造しようと発願したというのは、のち念願の盧舎那仏鋳造が軌道にのった頃、東大寺へ行幸した聖武みずからが述懐するところである（『続日本紀』天平勝宝元年十月二十七日条）。その知識寺への行幸は、尊像を拝することで、あらためて大仏造立という父母の悲願を確かめ、その思いを共有しようとしたものではなかったか。

それを示すかのように、平城宮に戻ってからの孝謙は父から受け継いだ大仏造立の事業を急ピッチで進めている。『続日本紀』によるとその年十二月、事業の関係者に叙位、翌二年正月には官人以下優婆塞(うばそく)以上を褒賞し、その数は六百七十余人にも及んでいる。ついで十二月、藤原仲麻呂を派遣して造東大寺司(ぞうとうだいじし)長官市原王以下、大鋳師高市大国(たけちのおおくに)ら関係者を叙位しているのは、盧舎那仏の鋳造がこの時期ほぼ完成したことを示している。盧舎那仏を覆うための大仏殿もこの頃から造られはじめたようだ。明けて三年正月には孝謙みずからが東大寺に行幸し、木工寮(もくりょう)の長上神磯部(かむいそべ)国麿を昇叙している。国麿は木工寮から派遣されていたのである。

こうして同四年九月、ようやく大仏開眼にこぎつけている。

むろん東大寺の造営はこれ以後も引き続き進められ、在位九年間の大半がこれに費されたといって過言ではない。大仏造立と東大寺造営は孝謙にとっても大事業であった。

それほどに孝謙は聖武の事業の忠実な継承者であったということだ。そしてこの姿勢は終生かわることはなかった。

知識寺へは天平勝宝八歳（八年、七五六）二月にも訪れている。しかもこの時は両親を伴っていた。難波行幸の途次に立ち寄ったもので、二十四日平城京を出発した一行は、その日「知識寺の南の行宮」で一泊し、翌二十五日、知識寺や付近の山下・大里・三宅・家原・鳥坂寺などでも礼仏し、二十六日には内舎人(うどねり)を遣わして読経(どきょう)させ、布施を与えている。いずれも知識によって建立されたという寺々で、この親娘の考え方や関心が知られて興味深い。

このあと三人は一ヵ月半ほど難波に滞在するが、平城京への帰路、もう一度知識寺に立ち寄ったと思われる。『続日本紀』には四月十五日、「車駕、渋谷路を取り、還りて知識寺の行宮に至る」とあって、寺を訪ね礼仏したとの記載はないが、十七日平城宮に還御するまでの間にその機会はあったとみる。

しかしこれが親娘三人での最後の遠出となった。平城京に戻って間もなく聖武が没するからである。『続日本紀』によれば、聖武の体調は前年秋頃から思わしくなく、十月と十一月には回復祈願のため先祖の諸山陵や伊勢神宮に奉幣している。してみれば、知識寺への行幸ははじめから無理を押してのものであったことになる。

盧舎那仏前で三人は何を語らったのだろうか。行く末への不安はあるにしても、あらためて親子の絆を確かめ合ったに違いない。

しかし孝謙と知識寺の関係はこれを最後に希薄となる。後年、道鏡を同道して河内国に行幸した時も、知識寺に立寄ることはない。その意味で孝謙にとって知識寺は、両親あってのものであった。

大郡宮と薬師寺宮

知識寺行幸のことが先になったが、即位した孝謙はどこに住んだのであろうか。

孝謙の住まいは当初平城宮ではなかった。

孝謙の在所として最初に確かめられるのは、知識寺行幸の帰りに入った「大郡宮（おごうり）」である。『続日本紀』天平勝宝元年（七四九）十月十五日条に、「この日、車駕大郡宮に還りたまふ」とみえるもので、翌二年二月九日、「薬師寺宮（やくしじ）」に移るまでの約四ヵ月余り、ここを在所としている。ただし「還りたまふ」とあることから、大極殿で即位（七月二日）して以後大郡宮に移っていたとみる理解もある。これに従えばその期間は七ヵ月となる。

この大郡宮の所在地については、①摂津難波とするもの、②平城京周辺とするもの、の二つに意見がわかれている。

前者（①）はその呼称から摂津にあった難波宮の施設の「小郡（宮）」とみるものであり、後者（②）は元旦の宴が滞在中の大郡宮と薬園宮とを併用して行われている（『続日本紀』）のを根拠に、両者は近接していたとし、薬園宮を大和郡山市にあったとする立場から、その付近とみる理解である。

まず①については、即位直後の在所が大和国外、しかも難波に設けられたとは考えがたいので論外であるが、大郡宮を平城京外とみる②も、薬園宮の場所とともに問題がある。これについてはのちにあらためてふれるが、いずれにせよ限られた期間の在所であったから、それほど殿舎・施設が整っていたとは思えない。

次に孝謙が大郡宮から移った薬師寺宮は前年閏五月、出家した聖武が入ったところである。建物の具体的な構造などは明らかでないが、『薬師寺縁起』に「辰巳二丁別院」とあり、寺域の辰巳（東南）の部分が別院とされ在所用の建物が用意されたと考えられている。孝謙が移った時、聖武が住していたかどうかは明らかではない。ここから聖武は平城宮に戻っているから、聖武のあとに薬師寺宮に入ったとも考えられるが、そうだとすれば、ここにも父の行動をあと追いする孝謙の姿をみることができる。

孝謙が平城宮に戻ったのはそのあとのことであるが、その時期は、翌天平勝宝三年正月十六日、孝謙が大極殿の南院に出御し踏歌の宴が催されていることから判断して、前年暮のことであったろう。

このように孝謙が即位後しばらく内裏を使用せず大郡宮や薬師寺宮を在所としたのは、即位に伴って内裏が改修されていたためである。この時期でも天皇が即位すると宮殿を建て替えるのが慣例であった。

これは飛鳥時代（以前から）、天皇一代ごとに宮殿を建て替えた、いわゆる歴代遷宮の名残である（瀧浪「歴代遷宮論」）。一般に藤原京や平城京のように宮城の規模が大きくなると、遷宮の慣習は廃絶したと理解されがちであるが、実際には直接の在所を建て替える形で伝えられていた。いってみれば「宮内遷宮」である。

平城宮の御在所

平城宮に戻った孝謙がどこを在所としたのか、じつは明らかでない。これはひとり孝謙に限るものではなく、奈良時代、どの天皇についても平城宮内の在所はよくわからないというのが実情である。ただし孝謙の場合、東大寺開眼行幸に際して平城宮留守官を任命している記載が多少手がかりとなる。

すなわち『東大寺要録』天平勝宝四年（七五二）四月八日に、「留守官 東宮、大納言巨勢卿・中納言多治比広足 西宮、中納言紀朝臣麿」とみえるもので、平城宮内の「東宮」と「西宮」に留守官が任命されており、このことから判断して両宮が孝謙の在所であった可能性は高い。またそのメンバーや人数から、東宮の方が重要視されたと考えられるが、しかしそれを根拠に東宮が孝謙の在所であったともいい切れない。開眼会にはむろん聖武・光明子も参列しており、終了後東宮に入ったのが孝謙とは限らないからである。ちなみに『続日本紀』によれば、式が終った九日の夕、孝謙は藤原仲麻呂の私宅、田村邸（田村宮）に還御し、しばらく在所としている（そこで田村宮と呼ばれた）。『東大寺要録』では「同日（九日）東宮に入座す」とあって、東宮に入ったかのごとくであるが、『万葉集』（巻一九―四二六八）に収める孝謙の歌の詞書きには「天皇と太后と共に大納言藤原の家に幸す日に云々」とあり、やはり孝謙は母の光明皇太后と一緒に田村邸に入ったとみるべきであろう（岸俊男『藤原仲麻呂』）。したがってこの時東宮に入ったのは聖武上皇で

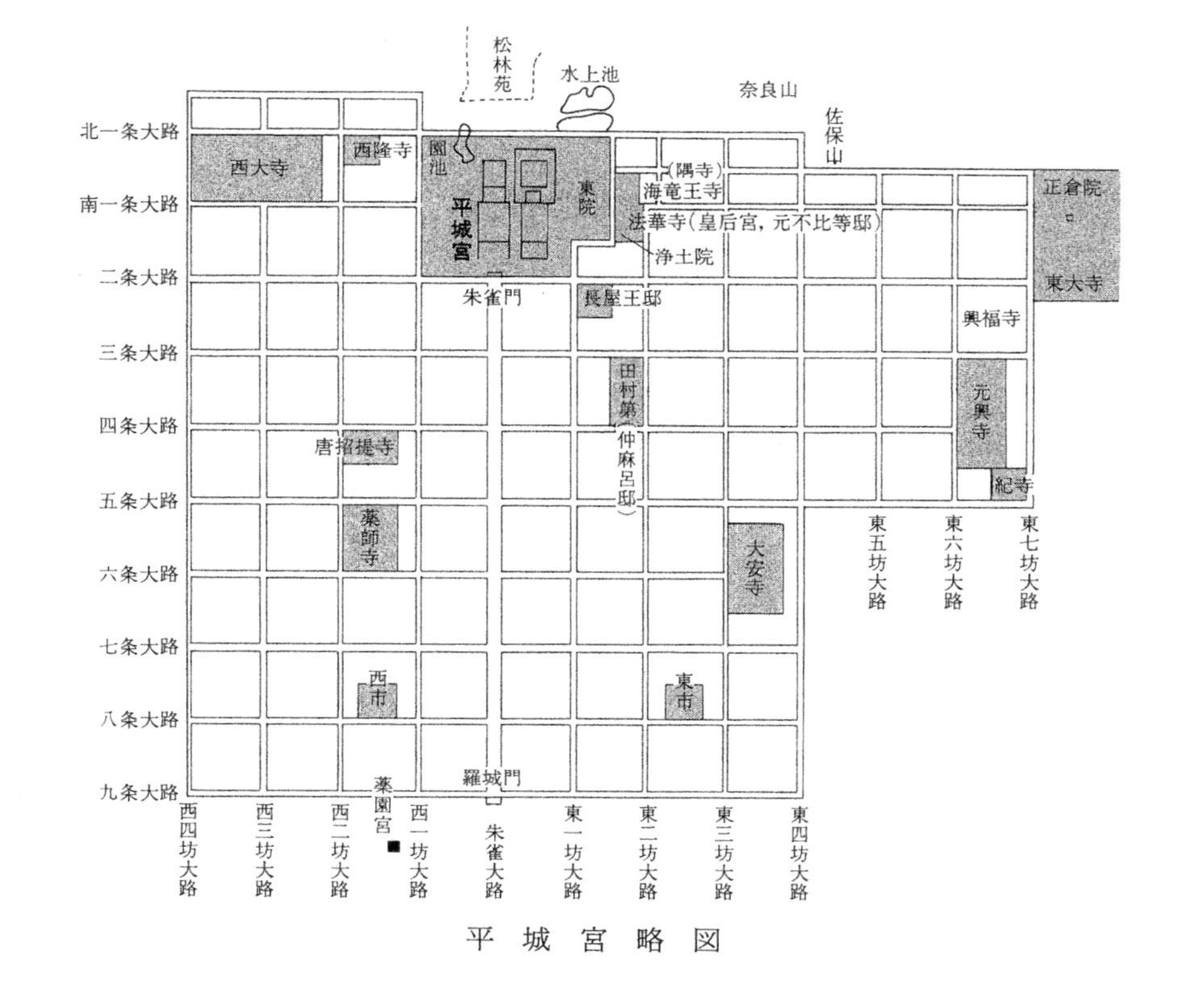
松林苑
水上池
奈良山
佐保山
北一条大路
南一条大路
二条大路
三条大路
四条大路
五条大路
六条大路
七条大路
八条大路
九条大路
西大寺
西隆寺
園池
平城宮
東院
（隅寺）
海竜王寺
法華寺（皇后宮，元不比等邸）
浄土院
正倉院
東大寺
朱雀門
長屋王邸
興福寺
田村第（仲麻呂邸）
元興寺
唐招提寺
紀寺
薬師寺
大安寺
西市
東市
羅城門
薬園宮
西四坊大路
西三坊大路
西二坊大路
西一坊大路
朱雀大路
東一坊大路
東二坊大路
東三坊大路
東四坊大路
東五坊大路
東六坊大路
東七坊大路

平城宮略図

あったかも知れない。

なお「中宮」こと太皇太后宮子（みやこ）は、孝謙たちとは別に翌十日に東大寺に赴いている（『東大寺要録』）。その呼称から知られるように、当時中宮に住していたと考えられるが、東宮・西宮との位置関係は明らかでない。

孝謙が田村宮から内裏（だいり）に還御した時期も不詳であるが、以後は東宮を在所としたようである。『万葉集』（巻二〇―四三〇一）に収める播磨国守安宿王（あすかべ）（長屋王の息）の歌の詞書きに、天平勝宝六年（七五四）正月のこととして、「七日、天皇・太上天皇・皇太后、東の常の宮の南の大殿にいまして肆宴（とよのあかり）きこしめせる」とあり、「東の常の宮」すなわち東宮が日常居所であったことが知られる。その「南大殿」で聖武と光明子も同席して宴（白馬（あおうま）の節会（せちえ））が催されたというのであるが、この日の宴を『続日本紀』同日条は、「天皇、東院に御して五位以上を宴す」と記すから、この場合の「東宮」と「東院」とは同一場所とみてよい。発掘調査の結果、「東院」は平城宮の東の出っ張り部と考えられており、当時の孝謙の在所である東宮は、この東院の一画にあったと考えられる。

なお孝謙の皇太子時代の居所については「内親王御所」（『大日本古文書』）と呼ばれたことが知られるが、これも具体的には明らかでない。父聖武の皇太子時代の建物（東宮）を受け継いだとすれば、平城宮の東張り出し部、いわゆる東院地区であったとみられよう。

孝謙の在所となった東宮の構造も明らかでない。のちの平安宮では、ハレの場である紫宸殿（ししんでん）の北にケの場所の仁寿殿（じじゅうでん）があり、それぞれ南（大）殿、北（大）殿と呼ばれたが、孝謙の場合も東宮域の中に〝南大殿〟と〝北大殿〟があり、後者に常居したとみてよいであろう。

東院については東南隅から玉石敷の池と建物が発掘され、池には橋がかけられ中嶋も造られていたことが明らかにされている。

このの ち孝謙が譲位するまで東宮を在所としたかどうかは明らかでない。したがって天平宝字元年（七五七）三月、天下大平の四字が出現したという「天皇の寝殿」が東宮かどうかも不詳である。同年五月四日、孝謙は大宮（内裏）改修のために田村宮に移御する（『続日本紀』）。この改修が、二日前に聖武の一周忌法会を終えた直後であることを考えると、『続日本紀』に「太上天皇、寝殿に崩ず」とみえる聖武の在所（具体的な場所は不明）であった可能性が高い。これまでの孝謙の行動パターンから判断して、父の在所に入るためそこを改修させたと考えられるからである。この年の十一月十八日、宴が「内裏」で行われており（『万葉集』巻二十―四四八六）、改修はそれ以前に終っていたと思われる。

なおこの大宮改修については、六月に橘奈良麻呂の変が発覚したことによってその工事は急遽中止され、孝謙は内裏に還御したとみる意見があるが（『平城宮発掘調査報告』XIII）、造作途中の宮殿への還御は考えがたく、工事終了後とみるべきである。

南薬園新宮での大嘗祭

話は孝謙の大嘗祭（だいじょうさい）に遡る。

大嘗祭は天皇即位後はじめて行われる新嘗（にいなめ）祭のことであり、稲の生育の関係から、天皇の即位が七月以前ならその年、八月以後なら翌年と定められていたが、七月に即位した孝謙の場合、定め通り年内に実施されている。『続日本紀』天平勝宝元年十一月二十五日条に、「南薬園新宮に大嘗す、因幡（いなば）を以て由機（ゆき）国とし、美濃（みの）を須岐（すき）国とす」とある。この「南薬園新宮」については、平安時代のものであるが、『東大寺要録』所引の長徳四年（九九八）注文定に「薬園宮内田地十三町四段九十五歩在二大和国添下郡一」とある「薬園宮」をそれとみなし、現奈良県大和郡山市材木町とするのが通説である。これに従えば「薬園宮」は平城京南にあり、孝謙の大嘗祭は京外で行われたことになるが、大嘗祭が終って孝謙が還御した大郡宮も付近にあったとされ、推定地域から建物跡が発見されたこともあって、有力な理解となっている。

大嘗祭は神聖な悠紀（ゆき）・主基（すき）田でとれた新穀の飯と酒とを、天皇が祖先神と共食することで、天皇としての霊威と資格を継承する祭儀といわれ、本来は朝堂院（ちょうどういん）前庭に建てられた大嘗宮（悠紀殿・主基殿）で行われた。淳仁天皇は乾政院（けんせいいん）（太政官院）、光仁・桓武天皇は太政官院で行われ、元正・聖武・称徳の三天皇については『続日本紀』に場所の記載はないが、昭和六十年（一九八五）、平城宮跡の大極殿の前庭から大嘗宮の建物とほぼ一致する三つの遺構の柱穴が発見されたことから、三天皇の大嘗宮跡と断定された。

こうしてみると京外で行われた孝謙の場合が唯一例外であったことになる。大嘗祭の本旨に照らして、宮外はむろんのこと京外で行うのは異例といわねばならない。「南薬園新宮」を通説のごとく平城京南と考えてよいのであろうか、わたくしにはいささか疑問に思われる。

「薬園」といえばすぐに想起されるのが、藤原宮の北にあった薬園であるが、平城宮の場合でもその北、いわゆる松林苑の中にも薬園が設けられていた可能性は十分ある。それに関してわたくしは、松林苑とともに遊宴の場とされた「南苑」に注目したい。通説では内裏の南にある園池と考えられているが、楯波池（たたなみ）（平城宮跡の西北にあった池）から起った風が南苑の樹を倒したとみえる（『続日本紀』神亀四年五月二十日条）ことから、平城宮北辺にあったとみるべきであり、「南薬園新宮」もこの「（松林苑）南苑」と関連させて理解できるのではなかろうか。

いずれにせよ、南薬園宮は京外ではあったが、平城宮にきわめて近い場所にあったとみる。それにしても孝謙の大嘗祭は、なぜ朝堂院で行われなかったのか。

この点については大極殿・朝堂院が使用できないほどの改修をうけていたとする理解があるが、その年七月に孝謙は大極殿で即位儀を行ったばかりであり、従えない。また即位に伴う内裏の改修があった（いわゆる宮内遷宮）としても、大嘗宮は祭儀の七日前から建てはじめられ、祭典が終るとただちに解体撤去されるという仮屋であって、朝堂院内が無理でも、代替地が宮内になかったとは思えない。

その理由が他にあったとみるならば、次に考えられるのは、孝謙が女帝であったことであろう。しかし前に述べたように元正女帝は大極殿前庭で行われたと推定されており（孝謙自身も重祚の時は大極殿前庭で行っている）、これも当てはまらない。

その意味で留意されるのは、孝謙は即位早々、知識寺へ行幸し、大嘗祭の終ったあとも薬師寺宮に入っているように、この時期の孝謙には仏教との関係がすべてであったとみられることである。それは父聖武の影響とみてよいが、まさしく孝謙も「三宝子（仏の子）」であった。宮内で大嘗祭を行わなかったのは、そうした孝謙の意識に関わるものではなかったか。

この孝謙は、のちに重祚した（称徳）際の大嘗祭の日に宣命を発して、「出家人も白衣も相雑はりて供へ奉るに、あに障る事はあらじと念ほしてなも、本忌みしが如くは忌まずして」といい、出家人（僧侶）と白衣（在俗者）とが一緒に神事に参列しても支障はない、これまで忌避したようには忌まないで、僧侶と俗人が交わりあって大嘗祭を行ったと宣言したことで知られる。神事と仏事の混交を忌避する貴族たちの認識に対する挑戦といってもよい。初度の即位大嘗祭を宮城内を避けたのは、その禁を犯すことを憚ってはいるものの（その点では重祚の時ほど徹底してはいないが）、そうすることで自らの立場を貫いているといえる。のちに述べる重祚時の神仏混交は道鏡の存在が無関係ではないが、しかしそうした孝謙の考え方は初度の即位大嘗祭にすでに萌芽がみられたことに、わたくしは注目したい。

南薬園宮での大嘗祭は、これもまた父聖武を継承しようとする孝謙の証しであった。

父との別れ

聖武が亡くなったのは天平勝宝八歳（七五六）五月二日、難波行幸から帰って二週間後のことである。五六歳の生涯であった。同十九日、盛大な葬儀が仏式で行われ、佐保山陵に葬られている。ついで永年の近侍者や看病禅師らが褒賞され、京中の田地や宮宅などが国忌斎会料として順次東大寺に施入されている（瀧浪「奈良時代の上皇と後院」）。猪名庄（兵庫県尼崎市）もその一つで、最近（平成九年四月）遺跡からその建物跡が発見され、話題を呼んだ。七七日に当って東大寺に献納された聖武遺愛の品々が、いわゆる正倉院御物である。

こうした事後処理にあたる一方で、孝謙はむこう一年間の殺生を禁断するなど追善供養の準備を進めている。『続日本紀』によれば六月十日、諸国に対して聖武の一周忌までに国分寺を造立し終えるよう命じているが、まず仏像と仏殿の完成をめざし、余裕があれば塔を造れ、といった細かい指示までしている。なかでも一周忌斎会の場となる東大寺に対しては、「その大仏殿の歩廊は六道の諸国をして造営し、必ず忌にあはしむべし、怠り緩ふべからず」（同二十二日）とあるように、残っていた大仏殿の歩廊について全国的に負担させることでその完成を急いでいる。大量の瓦や緑青・膠が発見されているが、そのうち仲麻呂が個人的にそれらの一部を献上しているのが留意される。ついで十二月二十日、国

聖武天皇佐保山南陵（奈良市法蓮町）
天平の天皇にふさわしい雰囲気をもつ

忌御斎に用いる灌頂の幡や緋綱など荘厳用具を越後など二六ヵ国に頒下、同三十日には追善の『梵網経』講読のため皇太子以下朝廷の高官が東大寺に派遣され、全国からそのための講師を募集している。わたくしが心を惹かれるのは、その際、使者に持参させた勅書に孝謙が次のように述べていることである(『続日本紀』)。

朕閔凶(父聖武の喪)に遭ひしより、情茶毒より深し。宮車漸く遠くして、号慕すれども追ふこと无し。万痛心に纏ひて、千哀骨を貫けり。(中略)六十二部を写して六十二国に説かしめむとす。四月十五日より始めて五月二日に終へしめむ。(中略)この妙福无上の威力を以て冥路の鸞輿を翼け、花蔵の宝刹に向かはしめむと欲ふ。紙に臨みて哀塞す。書、多く云はず。

父を失った孝謙の悲しみが訴えかけるように述べられていて、胸を打つ。「紙に臨みて哀塞す。書、多く云はず」ともある。あらためて父娘の絆の深さが思われる。この勅命によって、翌年の四月十五日から忌日の五月二日まで全国に梵網経を講ずることが義務づけられた。

こうして五月二日、一周忌を迎えた。当日、東大寺に集まった僧は千五百余人、その読経の声はあたり一帯に響きわたったことであろう。周忌法会の準備に狂奔し、無事にそれを終えた孝謙は、おそらく虚脱状態に陥ったに違いない。二日後、平城宮大宮の改修を理由に仲麻呂の田村宮に移っている。

紫微中台と中宮省

田村宮の主

仲麻呂の私邸、田村第は平城宮の東南にあった。『続日本紀』によれば、この邸は東西に高楼を構えて内裏に臨み、南面の門が櫓（やぐら）になっていたというから、宮殿なみの建造物であったことがうかがわれる。「人士目を側（そばだ）ててやや不臣の譏（そしり）あり」とも記されたゆえんである。

田村第といえば、孝謙は以前、大仏開眼会が終ったあとにも入っている。すなわちその日の夕、内裏に戻らず、田村第に直行して在所としたのは、大仏造立に仲麻呂が深く関わっていたことを物語る。

そもそも仲麻呂と造仏事業との関係は紫香楽における聖武の造仏に従ったのが始まりで、以来着々と実績をあげていた。平城京へ戻って事業が再開された天平末年には、近江守だった立場から同国より奴（ぬ）婢（ひ）や財物をしばしば献上したのをはじめ、東大寺へ封戸の施入や寺田の買進を行うなど、仲麻呂の積極的な関与が目につく。近江国から貢進された奴婢の中には重労働に耐えかねて逃走する者が少なくなかった。のちに謀反（むほん）が発覚して尋問された奈良麻呂は、仲麻呂の「無道」として真っ先に東大寺の造営をあげ人民を苦しめたと非難したが、その認識はひとり奈良麻呂に限るものではなかったろう。

造営事業におけるこうした仲麻呂の役割や立場を考える時、いささか気になることがある。それは聖武が譲位前、東大寺に行幸して行った褒賞の対象から仲麻呂（当時参議、正三位兼式部卿）が二度ともはずされていることである（天平勝宝元年四月）。上位者である橘諸兄・奈良麻呂父子、仲麻呂の兄の豊成はともかく、豊成の妻百能や息の縄麻呂、さらには仲麻呂の妻子袁比良女や真依までもが任官・叙位されていながら、なぜ仲麻呂の名が出てこないのか。これは仲麻呂が意図的に除外されたものとしか思えない。ところが孝謙即位の当日（七月二日）、その仲麻呂（参議）が大納言に任命されている。中納言を経ずにである。この時中納言には石上乙麻呂・紀麻呂・多治比広足の三人が任じられ、大伴兄麻呂・橘奈良麻呂・藤原清河の三人は参議に任じられているから、仲麻呂だけの昇任ではなかったが、仲麻呂の就任した大納言がこの日の最高官であった。通例、即位当日に行われる任官・叙位には新政府、新天皇のブレーンの発表といった意味合いがあったことを考えれば、この日の人事の眼目が仲麻呂にあったことは明らかである。左大臣諸兄・右大臣豊成・大納言巨勢奈弖麻呂（豊成以下は東大寺行幸時に任官されたもの）が仲麻呂の上席にいたが、孝謙朝における仲麻呂の重みを示す上で、これほど効果的な人事はなかったろう。新天皇孝謙の信頼が仲麻呂にあることを強烈に印象づけたに違いない。

東大寺での仲麻呂の褒賞がなかったのは、この日の人事のために温存されていたからであり、それは聖武でも、まして孝謙でもなく、まず間違いなく仲麻呂自身が案出した政治的パフォーマンスであったというのがわたくしの理解である。

聖武の重み

仲麻呂の政治的な動きはそれにとどまらなかった。大納言就任から一ヵ月後の八月十日、今度は紫微中台の長官である紫微令を兼任する。

紫微中台とは聞き慣れない役所名であるが、光明皇后の皇后宮職を改称したもので、その呼称は唐の玄宗皇帝の紫微省（中書省を改称）や則天武后の中台（尚書省を改称）にならったものという。九月七日に制定された官位構成では令（相当位は正三位）、大弼（正四位下）・少弼（従四位下）、大忠（正五位下）・少忠（従五位下）、大疏（従六位上）・少疏（正七位上）の四等官制をとり、従来の皇后宮職よりも格式が高く、規模も大きくなっている。任命者の顔ぶれも大納言の仲麻呂をはじめ参議や式部省・衛府の官人の兼官が多く、単なる改称でないことは明白である。そんなことから一般に、紫微中台は孝謙にかわって、皇太后となった光明子が国政を行うための執政機関として設けたもので、仲麻呂は光明子と手を結び、その長官として権力を掌握したと考えられている。

たしかに紫微中台の呼称は仲麻呂の唐風好みによるものであり、これも光明子というより仲麻呂の建策と考えてよい。しかし聖武をないがしろにして発案したとか、仲麻呂がこれを拠りどころにただちに権力を掌握したといった理解には賛成できない。再三指摘したように、この時期、そうした重大事が聖武と無関係に進められたとは思えないからである。

仲麻呂が紫微令に任命された当日、宮子の中宮職も昇格されている。この場合の中宮職とは皇太后宮子の事務機関であり、『続日本紀』によればこの日、中宮省の長官である中宮卿をはじめとする宮子付きの官人が任命されていて、中宮職が中宮省に昇格されたことが知られる。これを紫微中台の改称（体制強化）に対応する措置であったとみることは容易であり、その意図が宮子と光明子の顕彰にあったことは明らかである。即位に伴い天皇の身内――祖父母や父母の顕彰は、聖武が母宮子に尊称を奉った先例にならうものであり、中宮職の昇格と紫微中台の設置も、聖武の承知するところであったと考える。むろん仲麻呂の真意は権力の掌握にあったが、聖武はのちにこれが権力の温床になるとまでは考えていなかったのではないか。少なくともこの時点では仲麻呂に全幅の信頼を置いていたように思う。ちなみに紫微中台には、長官の仲麻呂以外に藤原氏が一人も採用されておらず、大伴・石川・阿倍といった伝統的氏族や百済王（くだらのこにきし）・肖奈（しょうな）王ら渡来氏族からも一名ずつが任命されていて、氏族のバランスが配慮されていたことがわかる。その点でも仲麻呂の独裁体制というイメージはない。生前聖武は、臣下に対して、自分の亡きあとは光明子に仕えよと命じており（『続日本紀』神護景雲三年十一月一日条）、光明子に後事を託す意図があったこと、光明子もまた聖武の期待に応えようとしていたことは確かである。皇后宮職の規模の拡大はその方向に添ったものといえる。しかしそうであればこそ仲麻呂は聖武や光明子の信頼を巧みに利用し、紫微中台の実現にこぎつけたという点も見逃すべきではない。

仲麻呂は当初、決していわれるような専権を振ってはいない、というより振えなかった。いっぱんにはまったく軽視されているが、聖武の生存中はその威光が貫徹していたからで、このことを見逃してはこの時期の政治史を正しく認識したことにならないと考える。たとえば、のち左大臣諸兄に謀反の心ありとの密告があった時、聖武は優容して咎（とが）めなかったというが（『続日本紀』天平宝字元年六月二十八日条）、密告が天皇孝謙をさしおいて上皇の聖武に対してなされている。聖武はすでに出家の身であったから、これは二重の意味で聖武の存在の重さを示している。この時期の仲麻呂は、権力を掌握しようにも軽々には動けなかったというのが真相である。

それればかりかこの間の紫微令仲麻呂は、開眼供養や東大寺の完成に向けて積極的に聖武に協力し、個人的にもたびたび造東大寺司写経所から経典をかりて書写を行うなど、ひたすら仏教活動に邁進（まいしん）している。それは聖武の意に添うものであり、これが光明子や孝謙の信頼を勝ち得たいちばんの理由である。人心の機微を心得た仲麻呂の政治性に舌を巻く。

紫微令から紫微内相へ

だが、天平勝宝八歳（七五六）五月に聖武が没すると、仲麻呂は待ちかねたように権力欲をむき出しにする。その手はじめが授刀舎人（じゅとうとねり）の扱いである。定員を四〇〇人と定め中衛舎人（ちゅうえ）四〇〇人とともに中衛府の所管とした（七月）。いずれも宮中警固を任務とするもので、時に仲麻呂が中衛府の長官、中衛大将であったことを考えると、聖武の死去に乗じてみずからの軍事権の拡大を図ったものであることは明らかである。

翌年正月、従五位下石津王（いわつ）に藤原朝臣の氏姓を与えて養子としているのもそれであろう。詳細は不明であるが、のちに大炊王を亡き実子真依（まより）の妻と結婚させて親子関係をつくり出したのと同様、皇親と姻戚関係を結び地歩を固めたのである。ついで三月には藤原部を、藤原氏の名を尊ぶ意図から、久須（くず）波良（はら）部と改めさせている。仲麻呂の野望が次々と、それも露骨に表面化していることが知られよう。

しかしそうした仲麻呂の行動が、ただちに光明子や孝謙の反感を買わなかったのは、その一方で聖武の追善供養をせっせと行っていたからだと、わたくしは思う。周忌法会に向けて東大寺の完成が急がれていた時、仲麻呂はその造営料として米一〇〇〇石、雑菜一〇〇〇缶を出し（『続日本紀』）、大仏殿歩廊の緑青も献上している（『大日本古文書』）。また正倉院御物の施入勅書には長官仲麻呂以下、紫微中台の官人の署判が並び、その献納に果した仲麻呂の尽力ぶりが知られる。ここでも光明子や孝謙の泣き所を心得た仲麻呂の政治手腕がいかんなく発揮されている。

しかしそれも聖武の一周忌までであった。紫微内相（ないしょう）となり、懸案の実現にのり出している。

法会を終えたあと田村宮に孝謙を迎えた仲麻呂は、五月二十日、祖父不比等の編纂した養老律令の施行を命じている。祖先顕彰を通して自己の権威を高める目的であったことはいうまでもない。そして同じ日、みずから紫微内相に就任している。紫微内相は、それまでの紫微令と違い、内大臣であるとともに、中央・地方の軍事を統括するいわば軍事総監であり、官位や待遇は大臣に準ずるものであった(『続日本紀』)。これにより仲麻呂は軍事権を全面的に掌握し、同年七月、橘奈良麻呂を倒してからは完全に政界の主導権を握ることになる。

母と子

聖武の周忌法会は、光明子・孝謙母子にとっても一つの区切りとなった。孝謙は内裏の改修を名目に仲麻呂邸に移っているが、三ヵ月後の八月十八日、蚕(かいこ)が産卵して「五月八日開下(かいか)帝釈標(ひょうち)知天皇命百年息」と書いた字が献上されたのを瑞祥として、天平宝字と改元した。この瑞字については『続日本紀』に、「これ天平勝宝九歳歳(ほしひのとと)丁酉(り)に次(やど)る夏五月八日は、是れ陛下、太上天皇の周忌の奉為(おおんため)に設斎(おがみ)して悔過する終の日」に当り、そこで帝釈天が孝謙と光明子の至誠に感じて天皇の治世をあらわし、百年の遠期を授けたと記されるが、瑞祥が改元のために仕掛けた仲麻呂のトリックであることはまず間違いない。

それにしても仲麻呂ほど人の心を巧みに捉えて効果的な施策を打ち出した政治家も少ないであろう。のちに述べる奈良麻呂の変の事件処理のごときは見事といってよい。天平宝字の改元もその一つで、これによって人心の一新を図ったのである。それと併行して調庸の免除をはじめとする負担軽減策をつぎつぎと打ち出すなど、計算ずくめの手が打たれている。しかもその間、光明子・孝謙母子を顕彰することも忘れてはいない。右の改元の折にも、この二人を日と月になぞらえてその徳をたたえている。同年十一月に下された勅にも、「皇帝・皇太后は、日月の照り臨むが如くにして、並に万国を治めたまひ」とある。聖武亡きあと孝謙を後見したのは光明子であるが、この母子にとって仲麻呂は大きな支えであったに違いない。

しかし孝謙にとって父聖武の存在はあまりに大きかったのであろう。翌年三月、孝謙は、「端午(たんご)に臨むたびに、風樹心を驚かして、席を設け觴(さかずき)を行ふこと、為すに忍びざる所なり」として、聖武の忌月に当る端午の節会(せちえ)（五月五日）を以後停止している。五月五日といえば、時に皇太子であった阿倍内親王（孝謙）が聖武・光明子・元正をはじめ百官を前にして五節を舞った時のことが想起されよう。一五年前のことになる。しかし華やかに舞ったあの日のことは、いまはかえって悲しみを増す思い出になっていた。

五月五日の節会は光仁朝まで再開されることはない。

聖武の遺詔

孝謙が在位した九年間のうち、聖武は七年上皇として存在している。出家したとはいえ、依然として政治的な影響力を保持していたことは、聖武が重態に陥るたびに、不穏な動きが起っていることにも示されている。

女帝と太后の詔

その聖武が没し、初七日がすんだ五月十日、案の定、出雲守大伴古慈斐(いずものかみおおとものこしび)と内竪淡海三船(ないじゅおうみのみふね)が朝廷を誹謗したという罪で逮捕されている。かれらは三日後に釈放されるが、古慈斐は間もなく土佐守に左遷されている。事件の真相は明らかでないが、この時、一族の長である大伴家持が「族(やから)に喩(さと)す歌」(『万葉集』巻二〇—四四六五)を詠(よ)み、かつて聖武から受けた褒賞の言葉を反芻(はんすう)しつつ、大伴の家名を絶やさぬようにと自制を求めたことはよく知られている。

このような上皇の崩御が引き金になって生じた政情不安としては、元明没後に起った元正女帝への批判―多治比三宅麻呂事件が想起されよう(一三頁)。わたくしはこの事件に言及し、阿倍内親王の将来も案じられると書いたが、その危惧が早くも的中したのである。

ただ元正と孝謙の場合で異なるのは、元正がみずからの立場を中継ぎであると公言し、聖武（首皇子）への皇位継承に徹したのに対して、立太子をへて即位した孝謙は男帝と同じであるとの強い自覚を持ち、それが世間との間に大きな認識のズレを生じさせたことで、その分問題は深刻であった。

事件は古慈斐のそれにとどまらなかった。奈良麻呂の変が起っている。しかもこの奈良麻呂の変の発端は、すでに孝謙の皇太子時代にまで遡り、結末を告げるまで一二年もの長きに及んでいる。ここでその経緯を述べておきたい。

それは天平勝宝七歳（七五五）十月、聖武が重態に陥った時、橘諸兄の近侍者佐味宮守が、諸兄に謀反の心があると密告したのにはじまる。諸兄を信任する聖武は不問に付したが、それを知った諸兄はすぐに辞職している。しかし事件はそれでおさまったのではなかった。翌年聖武が没するや、ただちに越前守佐伯美濃麻呂がこの事件について勘問されている。美濃麻呂は、自分は何も知らないが、佐伯全成なら知っているだろうと答えているが、じつはこの美濃麻呂、仲麻呂と意を通じた仲であったという。謀反の動きをつかんでいたとみられる仲麻呂が美濃麻呂と仕組んで全成に目星をつけた可能性が高い（岸俊男『藤原仲麻呂』）。そこで全成を勘問することになったが、大事に至ることを憂慮した光明子が、慇懃にこれを中止させたという（『続日本紀』天平宝字元年六月二十八日条）。それがなければ、変はこの時点で片付いていただろう。

しかしこうした間にもつぎつぎと密奏が入り、たまりかねた孝謙は七月二日、群臣を前にこう戒告している。

近頃諸王臣の中に謀反を企てる者がいるとの風評を聞くたびに、まさかそんなことはあるまいと思い放置してきたが、それがたび重なると捨ててもおけない。最後まで反省を促したいと思うが、それでも従わないとなると処罰せざるを得ない。「己が家々、己が門々、祖の名失はず」に自重して仕えよ、と。ついで光明皇太后も右大臣豊成以下の群臣を呼び、お前たちはわたくしの甥である、だから亡き先帝（聖武）も「朕が後に太后によく仕へ奉り助け奉れ」と諭された。とくに大伴・佐伯両氏は古くより「内の兵」として近侍して護衛に当ってきた。また「大伴宿禰らは、吾が族にもあ」って、皆が心を一つにして仕えてくれれば、このような噂が出るはずはないではないか、と語気を強めて戒めている。あからさまに大伴・佐伯二氏の名をあげた光明子には、東大寺の盧舎那仏前で、聖武が両氏にふれた時のことが意識されている。

仲麻呂はもとより光明子や孝謙たちも、早くから奈良麻呂らの不穏な動きを察知していたことは、これ以前から集団での行動や、同族の召集を禁じるなど、一種の戒厳令を下していたことからも明らかであり、光明子と孝謙の詔には、同族だけに事件を未然に防ぎ穏便に処理しようとした苦悩がうかがえる。

これに対して仲麻呂は、むしろ事件を表沙汰にすることで一挙に反対派の動きを掣肘しようと、その機をねらっていた。そして事は、結局仲麻呂の筋書き通りに運ぶことになる。

発覚した奈良麻呂の謀反

光明子・孝謙母子が先の詔を下したその日の夕、中衛舎人上道斐太都がまたまた仲麻呂に密告してきた。前備前守小野東人からクーデターへの参加をすすめられたというのである。斐太都が備前国出身ということからの誘いかけであったと思われるが、斐太都は承諾したと見せかけて、すぐに仲麻呂に注進したのである。

東人から聞き出したその情報はかなり詳細なものであったようだ。仲麻呂はただちにこのことを奏上し、宮廷内外の諸門を厳戒させるとともに、小野東人らを逮捕して左衛士府に監禁する一方、これ以前に廃太子されていた道祖王の自邸にも兵を派遣して包囲させている。翌三日、勅使による勘問が始まったが、東人らは口を割らなかった。そこで光明子は噂にのぼっている主謀者、塩焼王や奈良麻呂ら五人を在所に呼び、密告があったがお前たちはわたくしの「近き人」であり、決して謀反を起すようなことはあるまいと信じている。決してそのようなことをするではない、と戒めている。五人は稽首して恩を謝したが、この期に及んでもなお光明子は穏便に処理しようと配慮していることが知られよう。しかし仲麻呂は追及の手をゆるめなかった。よほど拷問が厳しかったのであろう、翌四日、ついに東人は自白し、クーデターの全容が明らかにされた。

それによると、奈良麻呂たちの行動目標は三つあった。

一つ、田村宮を包囲して仲麻呂を殺害し、皇太子大炊王を廃すること

二つ、皇太后宮すなわち光明子の在所を占拠して駅鈴と内印（天皇御璽）を奪還すること

三つ、右大臣豊成に号令させて孝謙を退位させ、四人の王（塩焼王・道祖王・安宿王・黄文王）の中から新たに天皇を選ぶこと

であった。

このクーデターが注目されるのは、仲麻呂を誅殺するだけでなく、孝謙女帝の廃位をもめざすものであったことである。これは孝謙の皇太子時代以来、孝謙の存在を否定しつづけてきた奈良麻呂の主張に変わりがなかったことを示す。けだし嫡子は男子に限るという貴族社会の通念がある限り、孝謙を正統な天皇として認めるわけにはいかなかったのである。

ていたことも孝謙の立場を示している。そしてこのことが、天皇権の実質が皇太后側にあったとされる理由であるが、それは光明子の意志というより、仲麻呂の仕向けたものと考える。これまで述べた事件の経緯から知られるように、光明子と仲麻呂の考え方は決して同じではない。

ちなみに奈良麻呂は、勅使（ちょくし）藤原永手（ながて）の尋問に答えて、「東大寺を造りて、人民苦辛して、氏々の人等もまた是れ憂とす」と指摘し仲麻呂を非難したが、氏々とはいったいどの氏族をいうのか、東大寺の造営は汝の父諸兄の時に始まったのではないか、と反論されて返す言葉もなかったという。『続日本紀』には奈良麻呂の処罰を記さないが、おそらく他の主謀者同様、間もなく処刑されたとみられる。

十数年にわたってくすぶり続けた奈良麻呂の謀反の計画は、こうして仲麻呂の強硬策によって壊滅された。それでも連鎖反応を恐れたのか、翌二年正月、孝謙みずからが詔を下し、これからは過ちを犯すことなく、日夜職務に励むことが大事であると官人たちに戒諭している。ついで二月には、人びとがみだりに飲酒し、集会することを禁止している。奈良麻呂事件がいかに根深いものであったかを知る。

嫡系相承の断念

孝謙の立場をだれよりも承知していたのは、聖武である。孝謙がどれほど長期にわたって在位しても、皇位継承の上で何の解決にもならないことは明白な事実であった。死期の迫った聖武が最後の決断に踏み切らざるを得なかったゆえんである。その時聖武は何を考えたのか、そこでもう一度、聖武の崩御時に話を戻そうと思う。

『続日本紀』天平勝宝八歳（七五六）五月二日条によれば、「この日、太上天皇、寝殿に崩ず。遺詔（いしょう）して、中務卿従四位上道祖王をもつて皇太子と為す」と記す。この聖武の遺詔によって道祖王は孝謙朝の皇太子として即日立太子している。それにしても数ある諸王の中から、聖武が新田部親王の子である道祖王を皇太子に選んだのはなぜか。

これについては、のちに孝謙が群臣に対して「宗室の中、舎人・新田部の両親王は、是れもつとも長なり。これによりて、前に道祖王を立てしかども云々」(天平宝字元年四月四日)と述べているように、皇族中の長老格の家筋によるものであったことがわかる。そこで舎人・新田部両親王の子に白羽の矢が立てられた。その際、年齢の上で舎人より若い新田部の子(道祖王)が選ばれたのは、新田部の母が藤原鎌足の娘(五百重娘)であったことによるものとみられる。ただし、本来は道祖王の兄塩焼王が立太子するのが筋であったろう。しかも塩焼王は聖武の娘不破内親王(母は県犬養広刀自)を妻としていたから、聖武にもっとも近い存在となる。しかしこの塩焼王は、かつて聖武に無礼をはたらき配流されるということがあった(天平十四年十月)。事件の詳細は明らかでないが、以来、聖武の不快を買っていたことは間違いない。そこで、その弟の道祖王が選ばれたものであろう。こうしてみると、聖武が道祖王を皇太子に立てたのは十分な理由あってのことだった。

しかしそのこと以上に注目されるのが、これによって皇統の草壁嫡系相承が終り、文武以後、はじめて皇位が天武の傍系に移ることになったということである。聖武によるこの立太子は、むろん没後の社会的混乱を避けるためであったが、わたくしがこの遺詔を重視するのは、聖武みずからの手で嫡系相承の原理を捨て、皇嗣問題に一応の決着をつけようとしたことにある。しかし事実は、そうした方針がますます事態を混迷に陥れたといってよい。謀反を企てた奈良麻呂は、「今、天下乱れて、人の心定まること無し」といい、もし他氏が王を立てるようなことがあれば、吾が一族は滅びるであろう。その前に大伴・佐伯両氏と力を合せて黄文王を立て、天下の基礎を築きたい、と語っているように（天平宝字元年七月四日条）、臣下が天皇を擁立しかねない状況にまで事態が切迫している。聖武没後の混乱の中で、それが内乱にまで発展する危険性は十分あったのだ。

このことに関連する話が『日本霊異記』に収められている。

聖武が仲麻呂を呼んでいうには、阿倍内親王と道祖王の二人で天下を治めさせようと思うがどうか、と尋ねたところ、仲麻呂は大いに賛成した。そこで仲麻呂に酒を飲ませてそのことを誓わせ、「もし朕が遺せる勅に失はむには、天地相憎み、大きなる厲を被らむ。汝今誓ふべし」と詔を下したというものである（下巻の三八）。むろん真偽は定かでないが、皇嗣問題に関する聖武と仲麻呂との考え方に齟齬が生じていたことが考えられる。その意味で聖武のとった措置、すなわち天武系王族への継承権の拡大は、その時点でなし得るもっとも有効・適切な措置であったし、遺詔という形をとることで最大限にその効力を発揮させようとしたのである。しかしすべては裏目に出た。

それにしても上皇の聖武が立太子の選定をするのは、異例というほかはない。女帝孝謙の立場の弱さを十分に認識したからこその措置であったろう。

王を奴に

ここで想起されるのは、聖武が折りにふれて孝謙に与えた言葉である。なかでも天平宝字八年（七六四）十月九日、淳仁天皇の廃位を命じた孝謙の詔にみえるそれは、孝謙の立場を明確にした点できわめて示唆的である。

天下は朕が子いまし（孝謙）に授け給ふ。事をし云はば、王を奴と成すとも、奴を王と云ふとも、汝の為むまにまに、たとひ後に帝と立て在る人い、立の後に汝のために礼無くして従はず、なめく

在らむ人をば帝の位に置くことは得ざれ。（後略）

事情によっては孝謙の意志ひとつで、いったん立てた王（天皇）を廃して奴にしてもよいし、奴を天皇にしてもよい、とまで言っている。ここで述べられている王でも奴でもというのは、あくまでも言葉のアヤとみるべきものであって、要は孝謙に与えた皇権に関する生殺与奪権を強調したものであり、それも結局は、孝謙が〝男帝〟と同じ地位・立場にあることを認識させるためであった。

神護景雲三年（七六九）十月一日、宇佐神託事件の直後に下された詔にも、聖武が与えた言葉として、「朕が立てある人と云とも、汝が心に能からずと知り、目に見てむ人をば、改へて立む事は心のままにせよ」（『続日本紀』）と述べられている。これらが孝謙に語られたのは、おそらく聖武が先の遺詔をしたためた折りではなかったろうか。皇位の与奪権を孝謙に託したのは、最後まで孝謙が聖武の正統な後継者であることを言い聞かせたものであるが、しかし結局、こうした聖武の配慮がその後の悲劇を起す原因となるのであった。

聖武が没して一〇ヵ月後の天平宝字元年三月、孝謙は聖武の立てた道祖王を廃太子する。「身諒闇に居て志淫縦に在り。教勅を加ふと雖もかつて改め悔ゆることなし」というのが理由である。服喪中にもかかわらず侍童に通じ、民間に機密のことをもらし、素行が修まらないということであったようだ（同年三月二十九日条）。道祖王に落度がなかったともいい切れないが、真相は明らかでない。孝謙から「先帝の遺詔を示」して廃太子の当否を問われた右大臣豊成たちも、「あへて顧命の旨に乖き違はじ」と述べるにとどまっている。聖武の遺詔を示された以上、孝謙の措置に従わざるを得なかったのである。遺詔の重みがあらためて知られる。

代って立てられたのが大炊（おおい）王である。舎人親王の子の王は、これより先仲麻呂が、亡くなった実子の真依（まより）の妻粟田諸姉を娶（めとら）せて田村第に居住させていたことを考えると、道祖王の廃太子を含めて、すべてが仲麻呂の仕わざであったことは明白である。時に大炊王は二五歳であった。

孝謙はむろんのこと、光明子でさえこの時、そうした仲麻呂の企みを見抜いていたとは思えない。廃太子劇は、父聖武の言葉を金科玉条とする孝謙の純粋さに仲麻呂がつけ入ったものであろう。

ちなみに大炊王の選定について、孝謙は群臣たちを前に、大炊王はまだ年は若いが悪評を聞いたことがないから大炊王を皇太子に立てたいと思うが、どうか、と問うたところ、豊成たちは「ただ勅命、これ聴かん」と答えただけで、誰ひとり反対しなかったという（同年四月四日条）。そしてこの日、ただちに大炊王は田村第から迎えられ、立太子が実現している。

淳仁との対立

西暦	年 号	(年齢)	
718	養老2	(1)	誕生
738	天平10	(21)	立太子
749	天平勝宝元	(32)	即位
758	天平宝字2	(41)	**譲位** 淳仁天皇即位，光明皇后・聖武天皇・草壁皇子らに尊号・諡号献上．藤原仲麻呂太保となり，恵美押勝と称す
759	天平宝字3	(42)	舎人親王に尊号献上．保良宮造営始まる
760	天平宝字4	(43)	藤原仲麻呂太師となる．光明子(61)没．小治田宮に行幸．藤原宮子・光明子の墓を山陵と称し国忌の例に入れる
761	天平宝字5	(44)	光明子の周忌法会．保良宮行幸，道鏡，孝謙上皇を看病す
762	天平宝字6	(45)	**出家** 孝謙上皇，淳仁天皇と対立し，法華寺に入る．県犬養広刀自没．新羅征討のため諸社に奉幣．淡海三船が漢風諡号を撰進
763	天平宝字7	(46)	慈訓を廃し道鏡少僧都に任
764	天平宝字8	(47)	**重祚** 紀寺益人放賤．道鏡大臣禅師．藤原仲麻呂の乱，仲麻呂(59)敗死．淳仁天皇廃位，淡路に配流
770	宝亀元	(53)	没

奈良朝の「尊号一件」

不如意な譲位

天平宝字二年（七五八）八月一日、孝謙は大炊王こと淳仁天皇に譲位し、太上天皇となった。宣命には譲位の理由を次のように述べている（『続日本紀』）。

　年長く日多く此の座に坐せば、荷重く力弱くして負ひ荷ち堪へず。しかのみにあらず、掛けまくも畏き朕がはは（母）皇太后の朝にも人の子の理にえつかへまつらねば、朕が情も日夜安からず。是を以て此の位避りて間の人に在りてし理の如ははにには仕へ奉るべしと念し行してなも日嗣と定め賜へる皇太子に授け賜はくと宣りたまふ天皇が御命を、衆聞こしめさへと宣る。

長年在位したがその荷が重く、堪えられなくなってきた、それだけでなく人の子として母の光明皇太后に孝養を尽さねばと思うようになった、そこで皇太子に位を授けたい、というのがその趣旨である。荷が重いといった言葉は譲位の宣命における常套文句であるから、譲位の主たる理由は母への孝養にあったとみられる。

たしかにこの時期、光明子は病の床にあった。『続日本紀』によれば一ヵ月ほど前から病床に伏し、七月四日には勅を下して殺生の禁断、猪・鹿の献上を禁止するとともに官奴婢（かんぬひ）や紫微中台奴婢の解放も命じており、病状のただならぬことが察知される。光明子の容態の悪化が譲位の引き金になったことは確かかと思われる。

しかし孝謙にとってこの譲位は、必ずしも納得のいくものでなかったのではあるまいか。孝謙は皇太子大炊王の即位がこれほど早く現実のものになるとは予想していなかったように思われるからである。大炊王が田村邸から迎えられ、皇太子に立てられたのが前年四月のこと、即位はそれからわずか一年四ヵ月しかたっていない。いま「わずか」といったのはこれ以前、文武が立太子後半年で即位した事例を除き、立太子と即位の間にはかなりの年月を数えるのがふつうであり、大炊王の場合は異例の早さであったとみられるからである。

しかも文武の場合は、幼少天皇の即位を実現するための方便として立太子したという形式的な手続きであり、例外とみなしてよい。その即位が期待された聖武の場合でも一〇年の皇太子期間をへて即位しており、孝謙自身も一一年後に即位している。当時の慣例に照らしても大炊王の場合の早さが知られよう。そのことを孝謙は知らないはずはなかったが、しかしこの時期、重態に陥った母光明子に、最後の孝養を尽くしたいという気持ちが強く働いていたため、仲麻呂の進めるこの即位を心ならずも認めたように思われる。

こうしてこの譲位は、以後、孝謙に鬱屈した思いを抱かせ続けることになる。

改元の拒否

そんな淳仁の即位であったが、そこには不自然さがつきまとっている。その最大のものが、新天皇淳仁に即位後の代始め改元が行われていないことである。

わが国では中国と同様、即位と改元は不可分のものであり、ことに譲位による禅譲の場合、即位と同日に改元されるのが通例であった。元正から譲位された聖武は即日神亀（じんき）と改元し、孝謙の場合も天平勝宝と改めている。ところが淳仁だけは例外で、孝謙時代の天平宝字をそのまま継承している。これを一年前（天平勝宝九歳八月十八日に天平宝字と改元、一〇二頁）に改元されたばかりだったからとみるむきもあるが、天平感宝と改元された（天平二十一年四月十四日）三ヵ月後に即位した孝謙天皇でさえ、即位当日（七月二日）天平勝宝と改元しているから、正しい理解ではない。しかも淳仁天皇の場合、こののち六年在位するが、その間一度として改元の動きがなかったというのも、考えてみれば不思議なことである。

これは孝謙が意図的に改元を拒んだ結果とみる以外に、考えようはあるまい。不如意な譲位の裏返しで、淳仁の即位に関しても、仲麻呂と孝謙との間で十分な合意に達していなかったことが思われる。

これまで述べたように、聖武の譲位後における仲麻呂の権勢の拠りどころは皇太后光明子の紫微中台にあった。しかしその光明子もすでに六〇歳を迎え、病気がちであったとなれば、仲麻呂の権力基盤も動揺せざるを得ない。仲麻呂にとって淳仁の即位は紫微中台にかわる新たな権力の基盤づくりであった。しかも淳仁（大炊王）は仲麻呂の養子であったから、光明子（仲麻呂の叔母）や孝謙（仲麻呂の従妹）よりも身近な関係であった。このようなことからわたくしは、孝謙の譲位は光明子の病気に乗じて、仲麻呂が強引に押し進めたものとみる。むろん先の孝謙の下した譲位の宣命の内容からみて、孝謙自身、納得した上での譲位であったことは疑いないが、さりとて淳仁の即位を完全に了解したものでもなかったのである。天皇即位の表徴である代始めの改元を認めなかったのは、淳仁擁立に狂奔する仲麻呂に対して孝謙が抱いた不安感、警戒心の表われであったといってよい。孝謙が抜いた伝家の宝刀であり、さすがに仲麻呂もこれを無理強いすることはできなかったのである。

こうして淳仁は日本史上、独自の年号をもたない希有の天皇となり、そして廃位されるが、やがて表面化する孝謙との対立の因は、すでに即位時に胚胎していたことに留意しておきたいと思う。

宝字称徳孝謙皇帝

改元を許さなかった孝謙の不満を、仲麻呂自身は百も承知であった。淳仁即位の当日から矢継ぎ早に孝謙に連なる人びとの顕彰につとめているのは、その対策といってよいであろう。

『続日本紀』によればこの日、仲麻呂以下の百官および僧綱がそれぞれ上表して、孝謙と光明子の治績・事績をほめたたえ、孝謙に「宝字称徳孝謙皇帝」、光明皇太后に「天平応真仁正皇太后」の尊号を奉っている。それぞれ「宝字が出現してその徳を称えた、孝と謙譲の徳を兼ね備えた皇帝」「天が平らかになって、究極の真理に到達したことに応えた、仁と公正の徳を兼ね備えた皇太后」の意である（新日本古典文学大系『続日本紀』）。元明女帝が亡くなったあと日本根子天津御代豊国成姫天皇と称され、元正没後、日本根子高瑞浄足姫天皇という日本風の諡を贈ることはあっても、存命中に、しかもこのような中国風の尊号をおくるのは例がない。唐風好みの仲麻呂らしく唐の例を真似たものであるが、それが淳仁の即位当日になされているのは、明らかに上皇となった孝謙に対する配慮とみてよい。この尊号については、のち（孝謙の没後）にあらためてふれたい。

ついで八日後の八月九日には、すでに没していた聖武天皇にも「勝宝感神聖武皇帝」と尊称し、天璽国押開豊桜彦尊という諡号を贈っている。この時聖武の祖父（文武の父）草壁皇子（日並知皇子命）

にも岡宮御宇天皇との尊称が追贈されている。聖武は生前出家していたために諡号をもたなかったという事情もあるが（『続日本紀』聖武即位前紀）、即位せずに没した草壁皇子に対してまで天皇の称号を贈っているのは、孝謙としても不愉快なはずはなかろう。しかもそれを淳仁ではなく、上皇孝謙の勅として下させ、「あまねく遐邇（遠い所と近い所）に告げて朕（孝謙）が意を知らしめよ」と命じている。仲麻呂の緻密な計算に驚嘆するばかりである。

もっとも尊号の撰進の恩恵は、やがて仲麻呂自身にも及ぼされる。八月二十五日、紫微内相から、太保と改称された右大臣に任じられた上、同日、恵美押勝という尊号が与えられ、「恵美家印」を公印として使用することが許されている。また「尚舅」との字も与えられた。擬制的ではあるが、淳仁の舅（養父）に当るからである。〝天皇の父〟となった仲麻呂は聖武や孝謙と並ぶ地位―上皇となったことになる。そればかりかそのご祖父不比等を近江十二郡に封じ、淡海公と追号、父武智麻呂・叔父（岳父でもある）房前にも太政大臣を追贈している。

こうしてみると孝謙関係者に対する一連の尊号の撰進は、仲麻呂および仲麻呂の祖先顕彰と裏腹のものであったことも知られるが、仲麻呂がもっとも腐心したのが孝謙との妥協にあったことは間違いない。

孝謙に対する仲麻呂の配慮は、それだけではなかった。政務運営の上にも孝謙の歓心を買おうとする変化がみられる。

僧侶の意見封進

年が明けた天平宝字三年（七五九）五月九日、五位以上の官人と師徒（師位以上の僧侶）に命じて国政上の意見を書かせ、それを密封して上表させることにしている。こうした政治上の意見徴取をいっぱんに意見封進（意見封事とも）といい、先蹤は大化改新時にまで遡るが、本格的には元正女帝の養老五年

（七二一）二月のそれをもって最初とする。不比等が没した翌年、長屋王が首班の座についた直後のことである。留意されるのはその元正朝では、徴取の対象が「左右大弁及び八省卿」であったのに対して、今回の淳仁朝では下級官人のみならず僧侶へも拡大されていることである。先にみた孝謙や光明子の尊号献上についても僧綱に上表させていた。

僧侶の意見徴取ということでは、紫香楽での大仏造立に失敗した聖武天皇が、平城京の薬師寺に四大寺の衆僧を集めて定都について意見を求めたことが想起されよう（天平十七年五月四日）。そうしたことを考えると、この時の僧侶重視は聖武の行動をあと追いする孝謙の歓心を買おうとしたものに他ならない。『続日本紀』には、「朕（われ）、宰相（さいしょう）と審（つまび）らかに可否を簡（えら）ばん」とあり、宰相（仲麻呂）と一緒に献策に目を通して判断を下すのは淳仁であり、孝謙ではなかったが、大嘗祭以来貫き通してきた孝謙の仏教意識を知った上での巧妙な迎合策であったように思われる。

ちなみにこの時提出された僧侶の意見の多くは「漢風」すなわち中国的であるために日本の国情にあわず、実行されなかったという。

皇太后のすすめ　淳仁即位時の不自然さといえば、淳仁の父舎人親王への尊称追贈問題もそれである。話は淳仁が即位した翌年、天平宝字三年に遡る。

この年六月十六日、淳仁は内安殿に出御し諸司の主典（さかん）以上を集めて、父舎人親王に崇道尽敬皇帝の諡号を贈って天皇として遇すること、また母を大夫人、兄弟姉妹を親王（内親王）として扱うことを表明している。腑に落ちないのは、それまでに行われた尊号献上と同じ意味合いをもつ舎人親王のそれだけが遅れて、淳仁の即位一〇ヵ月後になされていることである。なにか事情があったに違いない。

手がかりとなるのはこの日淳仁が下した詔である。長文ではあるがその概略を記すと次のようである（『続日本紀』）。

光明皇太后が私（淳仁）に言われた。これまで（橘奈良麻呂事件などで）世の中が落ち着かなかったために吾子（あなた）が即位してから時機をみて言おうと思い、控えてきたことがある（それはあなたの家族のことであるが）、いまようやく天下も治まった。だからあなたの父舎人親王を追尊して天皇と称し、また母の当麻夫人を大夫人とし、兄弟姉妹を親王（内親王）と称しなさい、と。私はそれを承り、大変嬉しくもあり、また恐縮もして、孝謙太上天皇にこの旨を申し上げたところ、上皇は、光明皇太后に申し上げなさい、といって次のようなことを私に教え諭された。私（淳仁）を天皇として即位させて下さった御恩ですら在世中には報いることができませんのに、私の父母兄弟姉妹にまで恩恵を受けますことは恐れ多くて、お受けできません、と。また（上皇に言われて）私自身思いますのに、私を「前聖武天皇の皇太子」と定めていただき、即位させて下さった（だけでも有難いのに）、両親や兄弟にまで恩恵をいただくとは……。お受けしていいのか、辞退すべきなのか、わかりません、と光明皇太后に申し上げた。しかし皇太后がたび重ねて私に教えて下さった。（このことは）私が言わなければいったい誰が進めましょうか。子供が幸福を願うのは親のためでもあるのです。天皇となった大福を父舎人親王にささげなさい、と。私はこの皇太后の命をお受けすることに決めました。これからは父舎人親王に崇道尽敬皇帝の諡号を贈って天皇として遇し、また母の当麻夫人を大夫人、兄弟姉妹をみな親王（内親王）と称することにします。

この詔の内容は、江戸時代、光格天皇が父典仁親王に太上天皇の尊号を贈ろうとして幕府老中松平定信に反対された、いわゆる尊号一件を想起させる。そこでわたくしも、これを奈良朝の「尊号一件」と呼ぶことにするが、ここで明らかなのは舎人親王の尊称追贈については孝謙上皇が反対したこと、しかし光明皇太后の強い勧めによって実現をみたこと、である。当初淳仁天皇が孝謙に相談しているところに両者の微妙な関係がうかがわれるが、その結果、淳仁が一度は光明子の提案を辞退したのは、むろんジェスチャーであったろう。

それにしても淳仁に尊号の辞退を勧めた孝謙の言葉には、不快感が露わに出ている。孝謙が母光明皇太后の勧める尊号提案を反対するのは、よほどの理由あってのことといわねばならないが、ここにも淳仁の即位以来抱きつづけてきた孝謙の猜疑心が顔をのぞかせているように思われる。

ふつう孝謙が淳仁＝仲麻呂批判をするようになるのは、光明子の没後、とくに道鏡との関係が生じてからと考えられているが、実際には譲位当初から始まっていたことをしっかりと記憶しておきたい。

淳仁が下した先の詔においてわたくしがもう一つ注目するのは、淳仁がみずからを「前聖武天皇の皇太子」に立てられたとしていることである。孝謙に、父親への尊号献上を反対され、やむなく光明子に辞退を申し出た際の言葉であるが、これはいかなることか。

三人目の聖武天皇皇太子

周知のようにこれまで聖武の皇太子は二人いた。一人は生後一ヵ月で立てられた基王、二人目は阿倍内親王（孝謙女帝）で基王の夭死から一〇年後、先例のない女性皇太子になっている。したがって淳仁（大炊王）は三人目の皇太子ということになるが、当の聖武上皇はすでに没していただけでなく、その立太子は孝謙天皇の在位中のことであった。事実とすればこれもまた不可解な話である。

『続日本紀』には大炊王はむろんのこと、基王や阿倍内親王についても、ことさら「聖武」の皇太子に定めたとする記載はない。孝謙の譲位の宣命では、「日嗣と定め賜へる皇太子」の大炊王に皇位を授けると述べているが、自分の皇太子であるという表現はない。中大兄皇子（天智天皇）や首皇子（聖武天皇）のごとく数代にわたって皇太子であったというケースもあるが、これはわが国では特定の天皇の皇太子に定めるという観念がなかったことを示している。ところが大炊王の場合、ことさら「前聖武天皇の皇太子」と称させたのは、とりも直さず孝謙の皇太子にしなかったということであるが、これは間違いなく仲麻呂の入智恵であり、政治的な意図があったとみてよい。

舎人（とねり）親王の子である大炊王は天武の傍系であり、聖武（草壁系）とは直接血縁的なつながりをもってはいない。したがって仲麻呂が大炊王を擁立する上で必要だったのは、皇太子として皇位継承者とするだけでなく、他ならぬ聖武の皇統（いうところの草壁皇統）に連なる後継者に仕立てることだった。単なる皇太子ではなく、聖武の皇太子という形に特化してはじめてその正統性を獲得することができる。それには、擬制的にせよ大炊王を聖武の嫡子に仕立てること、すなわち「聖武の皇太子」に立てるというのが唯一の手段であったと思う。古代中国では皇帝の嫡子を皇太子と称したが、おそらくそれにならったものであろう。これもまた中国通の仲麻呂らしい発想であったと考える。

もう一度尊号一件に戻ると、いったんは辞退したものの、光明子の強い勧めによって最終的には上皇孝謙の意見が退けられ、尊号の献上は実現するのであるが、先の詔はその経緯を明らかにした上で、自分が「聖武天皇の皇太子」となった事実を群臣たちに公言したものであった。孝謙にしてみれば、尊号についての自分の意見が退けられただけでなく、皇統についても自分を飛び越えて聖武から継承したと主張されることにより、その立場は二重に否定されたことになる。孝謙のプライドを傷つけるのにこれ以上のものはなかったろう。

淳仁の言葉は尊号を拒否された孝謙への精一杯の抵抗であったと思うが、こうしたことが可能なのは、結局のところ孝謙を正統な天皇として認めない社会通念にあったとしかいいようがない。

母の教え

それにしても皇権継受の中でまったく無視されてしまう孝謙女帝という存在はいったい何であったのか。女子でありながら立太子した上で即位したからには、〃男帝〃と同じ立場となったはずである。事実そうした孝謙の立場や正統性は聖武から繰り返し述べられ、それは皇后光明子にも受け継がれている。というより皇位継承に抱く光明子の嫡系意識は、聖武以上に強烈であったとわたくしには思える。孝謙に語ったという次の言葉に光明子のそうした意識が示されている。

朕が御祖太皇后の御命以て朕に告げたまひしく、岡宮に御宇しし天皇の日継は、かくて絶えなむとす。女子の継には在れども嗣がしめんと宣りたまひて、此の政行ひ給ひき。

天平宝字六年（七六二）六月三日、孝謙が五位以上の官人を朝堂に呼び集め、激しく淳仁を非難して大権を自らが掌握した詔の中で述べられたものであるが、「あなた（孝謙）を、岡宮御宇天皇（草壁皇子）の日嗣＝皇統を絶やさないために即位させるのです」といった光明子の言葉には、聖武の嫡子基王を失くしたあと長屋王を犠牲にしてまで立后したにもかかわらず、ついに目的とする皇子を得ることのできなかった責任感や使命感といったものがないまぜになっているように思われる。一般に光明子のこの言葉から、孝謙の即位は聖武をないがしろにした「御祖太皇后」＝光明子の意志によって進められたとみる意見もあるが、わたくしにはおよそ見当はずれの見方のように思われる。自らの責任を果せなかった光明子だからこそ、いっそう強く望みを孝謙に託したのである。

しかしこれまで述べてきたように、配偶者も子供もいない孝謙の在位は、いかに聖武の嫡系であっても皇位継承の上で何の解決にもならず、わずかの年数の先送りにすぎないことは光明子も十分承知していた。聖武が自らの手で皇嗣問題に決着をつけて亡くなってからは、さすがにその苦しみからも解放されたようである。道祖王の廃太子劇では大炊王（淳仁）の擁立をはかろうとする仲麻呂に同調している。もっともこのことは、遺詔によって道祖王を立太子させた聖武の立場と相反するようであるが、決して仲麻呂とともに政界を牛耳ろうとしたのでもなければ、仲麻呂の専恣に光明子が巻き込まれたのでもない。

聖武没後、光明子がもっとも恐れたのは政治的な重しがなくなって専権化を強める仲麻呂と、父聖武の思いを一身に体して、自らが聖武の唯一人の正統な後継者と自負する孝謙との対立であった。大炊王の立太子すなわち道祖王の廃太子は、実際には聖武から生殺与奪権を与えられた孝謙の命令という形で進められ実現したが、その背後には右にみたような光明子の配慮が大きく働いていたと考える。また孝謙が譲位してからの光明子は、皇位継承の呪縛から孝謙を解放することを自らの役割にしていたように思われる。

淳仁の尊号一件について、「わたくしが言わなければいったい誰が進めるのか」といって孝謙の反対を押えそれを実現させたのも、暗に孝謙への戒諭ではなかったか。繰り返して述べるが、聖武が遺詔によって道祖王を立太子したのは、それによって草壁皇統（嫡系）相承を断念したことであり、孝謙を最後に草壁皇統が断絶することもやむなしと了承したことの証しである。聖武の意志は、傍系であっても、それにより没後の皇位継承をめぐる内訌を回避することにあった。聖武の遺志をくんだ光明子は、だからこそ大炊王の立太子と即位に同調したのである。

しかし両親から繰り返し教えられ、それを使命として異常なまでに嫡系意識をもった孝謙が、おいそれと捨て切れるはずはなかった。自分こそが唯一、聖武の正統な継承者とする嫡系意識は、孝謙の中では光明子が考える以上に強烈なものになっていたのである。

草壁皇子の佩刀

皇位継承における聖武や光明子の考え方を端的に示すものとして草壁皇子の佩刀（はいとう）がある。この佩刀については、薗田香融氏（「護り刀考」『伝承文化研究』一）や上田正昭氏（『藤原不比等』）などによって藤原氏との間になされた授受の事実が指摘され注目されたが、それが終ったことの史的意味については意外と論じられていないように思う。

現物は残っていないが、その由緒書が天平勝宝八歳（七五六）六月二十一日、聖武の七七日にあたり光明子が東大寺に献納した「東大寺献物帳」に含まれており、次のように記している（長さなど形状についての注記は省略する）。

黒作懸佩刀一口

右、日並皇子、常に佩持する所、太政太臣（ママ）に賜ふ。大行天皇即位の時、便（すなわ）ち献ず。大行天皇崩ずる時、また太臣に賜ふ。太臣薨ずる日、更に後太上天皇に献ず。

言葉を補って要約すると、右の佩刀は日並皇子（草壁皇子）が常に身につけていたものであり、（皇子没後、母の持統が）太政大臣（不比等）に与えた。不比等は、大行天皇（文武）が即位した時にこれを献上したが、文武はその死に際して、ふたたびこれを不比等に与えた。そして不比等は亡くなる時にこれを太政天皇（聖武）に献じた、ということになる。

この由緒書によって、草壁皇子の佩刀は、草壁→不比等→文武→不比等→聖武というルートを経た末、光明子から東大寺へ献納された事情が知られる。しかも草壁皇統のシンボルともいうべきその授受に不比等（藤原氏）が介在していることは、藤原氏が天皇家を輔弼（ほひつ）し、草壁皇統の継承を後見してきたことを表明するものとして大事である。しかしその佩刀が聖武の没後東大寺へ献納されたということは、その継受に終止符が打たれたことであり、現実に草壁嫡子がいなくなったことを物語る。

　これが事実なら、佩刀の継受をまったく否定された孝謙の存在はどうなるのか。あれだけ両親から期待する言葉を与えられながら、佩刀は授けられなかった。孝謙は結局のところ皇統の継承者とは認められていなかった、というより聖武や光明子でさえ社会通念をくつがえせなかったのである。

　孝謙への佩刀の継受の断念は、おそらく早くから聖武の考えるところであったように思う。

　孝謙の即位は「不改常典」による嫡系論理から実現されたものではあるが、社会通念からすれば皇太子阿倍は明らかに矛盾した存在であった。ある意味ではそうした阿倍をつくり出したのは自分たちの責任であり、聖武はみずからの手でその矛盾を解決することが自身の責任と考えたのではなかろうか。

　光明子が東大寺へ奉納したのはそうした聖武の意志を汲んでの決断であったように思われる。ちなみに「東大寺献物帳」に収める光明子の願文には、「右、件は皆これ先帝翫弄（がんろう）の珍、内司供擬（ぐぎ）の物なり。疇昔（ちゅうせき）を追感して目に触るれば崩摧（ほうさい）す」とある。生前聖武の好んだ品々をみるにつけ、ありし日が思い出されて涙がこぼれるという言葉に聖武への深い愛情がにじみ出ているが、草壁の佩刀を奉納した光明子の思いには格別のものがあったろう。

　こうしてみると聖武没後の光明子は冷静かつ客観的に判断し、行動している。光明子は聖武の良き理解者であり、ある意味では孝謙以上に忠実な継承者であったと考える。

　光明子は天平宝字三年夏頃、法華寺内の西南部に阿弥陀浄土院の建立に着手する。結局、完成を見ずに没するが、建立がちょうど淳仁の尊号一件が落着した時期であったのは、自らの使命を終えたことへの安堵感の表われであったろうか。

一方、尊号一件でみずからの意見が否定された孝謙であるが、母子の間に対立があった形跡はない。結局は母の意見に従っている。それどころかこの時期孝謙が仲麻呂に対して格別の配慮をしているのも、光明子の影響と思われる。

たとえば天平宝字四年（七六〇）正月四日、「高野天皇（孝謙上皇）および帝（淳仁天皇）」は内安殿に御して官人に叙位したあと、孝謙は口勅でこの日従一位となった太保（右大臣）仲麻呂を大師、すなわち太政大臣に任命し、近くに召して随身契を与えている。臣下で生前ついたことのない太政大臣の地位に、左大臣をへずに就任させたことも留意されるが、それを孝謙みずからが与えているところに、不満を抱きながらも仲麻呂に迎合せざるを得なかった孝謙の立場が反映されている。

なぜ草壁「皇統」なのか

孝謙の最大の悲劇は、ひと言でいえば自分こそが「岡宮に御宇しし天皇」すなわち草壁の嫡系であるという意識を捨て切れなかったところにあった。

しかし草壁の嫡系であるとする、いうなれば草壁「皇統」の意識は、考えてみれば奇異である（瀧浪「孝謙女帝の皇統意識」）。草壁皇子は天武と持統の嫡子として立太子したものの（六八一年）、皇太子のまま没しており（六八九年）、即位もしなかった。皇統をいうのであれば、その父であり、壬申の乱に勝利して古代国家づくりに大きな足跡を残した天武をこそ持ち出すべきではないか。それがなぜ草壁といわれ、天武ではないのか。

ここでその問題について述べておきたい。

理由の一つは、奈良期における皇位継承の原理、いわゆる「不改常典」に基づき文武の擁立をはかった際、草壁が皇統の原点とされたことである。すでに述べたので繰り返さないが、そこで強調されたのが文武は草壁の嫡子であり、聖武はその文武の嫡子であるという、つまりは草壁に始まる嫡系相承の論理であったことである。そしてこの正統性が文武→元明・元正→聖武と世代を重ねて強調される中で、いうところの草壁「皇統」の意識が定着した。

しかし天武が取上げられなかった理由の二つは、当時、皇位継承資格をもつ天武の諸皇子やその子供たちがなお数多く存在していたことである。文武や聖武よりも、より天武に近い世代である。そのために文武（天武の孫）や聖武（天武の曾孫）の即位の実現にあたり、下手に天武天皇を強調すれば、いたずらに有資格者の範囲を拡大し、文武や聖武の立場を相対化し弱体化しかねなかったからである。天武（の名）はむしろ意図的に避けられたものと考えてよい。

こうしてみると嫡系相承の論理は、それにより皇統を限定し、皇位継承の筋道を明確にする上では有効であったが、しかしこの限定は、逆に有資格者を欠いた時、かえって異常な混乱を招くという落とし穴があった。やがて表面化する孝謙と淳仁の対立がまさにそれであった。

光明子死す

天平宝字四年（七六〇）、光明皇太后は春から病床に伏していた。三月、回復を祈って諸国の神社で祈禱、閏四月には宮中で読経をしたり、五大寺に雑薬や蜜（蜂蜜）を施入、五月には平城京六大寺で法会が営まれている。しかしその甲斐もなく六月七日、ついに亡くなった。夫の聖武が没して四年後のこと、時に六〇歳であった。この年は全国的に疫病が流行し、都でも多数の死者が出たといい、光明子もこれにかかったのではないかと考えられている。

光明皇后佐保山東陵（奈良市法蓮町）　聖武陵の右手奥にある

父不比等の死にはじまり、基王、母三千代、四兄弟、そして夫の死と、次々に不幸に見舞われた光明子も哀れであったが、最愛の母を亡くした孝謙はもっと不憫(ふびん)であった。

遺体は夫の眠る佐保山南陵のかたわらに、より添うような形で葬られている。佐保山東陵という。

光明子については、孝謙の在位九年間、事実上、執政者の立場にあったとみるのが通説である。また一年間に二度の改元を行った（天平二十一年四月に天平感宝と改め、同七月ふたたび天平勝宝と改元）ことや天平感宝・天平勝宝などの四字年号が唐の則天武后の時代に共通することから、専権を振った武后と重ねて理解されることも多い。しかしこれまでみてきたように、光明子には則天武后のイメージはまったくない。そのイメージは仲麻呂によってつくり出されたとみた方がよいが、その仲麻呂についても、強権政治を行うようになるのは聖武が亡くなってからのことで、出家していたとはいえなお実権を握っていた上皇聖武の在世中は独断専行はしていないし、できなかったというのが実状である。

孝謙は在位の大半を大仏造立事業に費やしている。父聖武路線の継承であり、それは母光明子の願うところでもあった。孝謙朝のイメージが薄いのはそのためであるが、孝謙自身はそれを使命と考え、仕事に邁進（まいしん）している。決して母や仲麻呂のロボットではなかったというのがわたくしの考えである。

母を失って孝謙はひとりぼっちになった。

そして光明子が生前案じた通り、孝謙と淳仁＝仲麻呂との関係は、この母の死によって急速に悪化することになる。

保良宮での出会い

孝謙が道鏡にはじめて出会うのは近江の保良宮(ほらのみや)に滞在中のことである。病に陥った孝謙の看病に侍したことが、二人の運命を狂わせることになる。

小治田宮と保良宮

その保良宮の造営のことからはじめたい。

保良宮は琵琶湖の南、石山寺の近くに営まれた都である。造営は淳仁が即位した翌年、天平宝字三年(七五九)十一月、造宮輔中臣丸連張弓(ぞうぐうのすけなかとみのわにのむらじはりゆみ)、越前員外介長野連君足(えちぜんいんがいのすけながののむらじきみたり)らを遣わして着手された。同五年正月には衛門督粟田奈勢麻呂(えもんのかみあわたのなせまろ)らが派遣され、諸司の史生以上の者に住宅地を班給、十月に入ると「都を保良に遷すをもってなり」との理由で仲麻呂に稲一〇〇万束をはじめ親王・内親王らに稲を与えている。聖武のもう一人の夫人であった県犬養広刀自(あがたいぬかいのひろとじ)も四万束を賜わっている。いわば住宅助成金である。こうした関係者への賜稲は、造都事業の一環として遷都時に必ず行われるものであり、保良宮を単なる離宮ではなく、「遷都」と認識させるような本格的な宮都として造営しようとしていたことが知られる。

伝保良宮跡（滋賀県大津市）
宮地はここより東北方の平地一帯か

伝小治田宮跡（奈良県明日香村）　古宮土壇と称される．向うに見えるのは畝傍山

淳仁天皇が孝謙上皇とともにその保良宮に行幸したのは十月十三日、賜稲が行われた二日後のことである。十九日には新京の近江按察使藤原御楯（仲麻呂の娘婿）邸と仲麻呂邸に赴き、宴飲のひとときを過している。そして二十八日、詔を下して「平城宮を改作せんがためにしばらく移つて近江国保良宮に御す」との遷都の理由を表明するとともに、勅を出し「朕、思ふ所ありて北京を造らむことを議る。時の事由によりて、しばらく移りて遊覧するに、この土（土地）の百姓すこぶる差科に労せり。仁恕の襟、何ぞ矜愍することなからむ」として、都に近い滋賀・栗太二郡を畿県とし、畿内と同様に庸を停め、調は二分の一を出させることにしている。北京とは南の平城京に対する呼称で、北都と称された唐の太原を北京と改称したのに模したものと考えられているが、造都の推進者が仲麻呂であったとなれば有り得ることである。『続日本紀』には翌六年三月、「保良宮の諸殿と屋・垣、諸国に分配して、一時に功を就す」とみえるから、宮殿はその後突貫工事で造営され、この頃、一応の体裁をととのえたようである。

保良宮造営の間のこととして留意されるのが、上皇・天皇以下が飛鳥の小治田宮に移御していることである。

造営が始まった翌天平宝字四年八月十四日、播磨・備中・讃岐国の糒三〇〇〇石を小治田宮に転送させ、十八日、淳仁は小治田宮に行幸し、その年の全国の調庸物をここに収納するように命じている。突然のこの行幸については、明けて五年正月七日に下された詔に、「大史局（陰陽寮）事を奏すること有るによりて、暫く移りて小治田岡本宮に御す」（『続日本紀』）と述べられ、五ヵ月たってはじめて理由が説明されている。といって具体的には何ひとつ明らかにされてはいないが、平城宮を離れなければならない理由が占われ、奏上されたのであろう。

奇異なのは、この詔が下されて二日後には、小治田宮にいた淳仁らが平城宮に還御していることである。ところが平城宮はこの時改作中であったため、武部曹司（兵部省）を御在所としなければならなかった。この還御も理屈に合わない。先にみた保良宮の宅地班給は、それから一〇日後のことである。

この無駄ともみえる動きは、どうやら保良宮遷都に向けての条件づくりであったように思われる。

この時期の仲麻呂は、かねてからの考えに基づく新羅出兵計画の実現のため、その拠点としての保良宮造営に邁進していた。この計画が私的な動機による独断専行でないことを証明するためには、上皇・天皇を巻き込むこと—具体的には拠点である保良に天皇・上皇の行幸を求め、これを宮都に準ずるものとすることであったように思われる。そこで陰陽師をかつぎ出して天皇をいったんは小治田宮へ移幸させ（時間かせぎを兼ねて）、その間平城宮の改作に着手し、今度はそれ（改作）を理由に保良への遷幸を実現したというものではなかろうか。先の勅で淳仁が、「朕思ふ所あるによりて北京を造らむことを議る」と述べ、造宮が天皇の意思によるものとしているのがまさしくそれであろう。しかも「議る」という表現から、そこに仲麻呂の関与を嗅ぎ取ることは容易であろう。

さて、ここにいう小治田（岡本）宮は、六世紀の初め、豊浦宮についで推古女帝の営んだ小墾田宮のあとであろう。女帝が亡くなって一世紀半も経ったこの時期でも、何がしかの建物は残っていたのである。古宮土壇がその址と伝えるが、そこよりは東、雷丘東方で発掘された建物跡から「小治田宮」「小治田宮」と記す墨書土器が出土しており、宮の所在地についてはなお不確実な要素が多い。

それにしても保良宮遷都を実現するまでの経緯は廻りくどいが、すべてが計算ずくめであり、いかにも仲麻呂らしいやり方であったといえよう。

しかしこれほどまでして、なぜ保良宮を造営しなければならなかったのか。

ひと言でいえば、保良宮は仲麻呂が新羅出兵のための拠点―防衛基地として造営した宮都であった。東アジアにおける当時の国際関係についてはここではふれないが、この時期仲麻呂の目は新羅出兵の一点に向けられていたといってよい。天平宝字三年（七五九）六月、仲麻呂は大宰府に命じて新羅攻撃の行軍式（作戦書）を作らせたのをはじめ、九月には諸国に軍船五〇〇艘の建造を命じている。同五年正月、同じく少年に新羅語を習わせ、七月には九州諸国に甲刀弓箭を造備させるなど、大規模な新羅出兵計画を推進していた。さらに翌六年十一月には出兵の軍旅を調習するためとして香椎廟（仲哀天皇・神功皇后を祀る）に奉幣しており、計画はかなり現実化していたと思われる。

しかしこの新羅出兵は実現しなかったばかりか、保良宮では仲麻呂の予想もしなかった事態が生じつつあった。

看病禅師道鏡

仲麻呂が予想もしなかった事態とは、孝謙女帝と僧道鏡との間に生れた関係である。これについて『続日本紀』は次のように記す。

> 道鏡、俗姓は弓削連、河内の人なり。ほぼ梵文に渉りて、禅行を以て聞ゆ。これによりて内道場に入りて、列して禅師となる。宝字五年（孝謙が）保良に幸せしより、時看病に侍して、稍く寵幸せらる。廃帝（淳仁）、常に以て言をなして、天皇（孝謙）と相中り得ず。

梵文すなわちサンスクリットに堪能であり、難行苦行の禅行を積んで知られた道鏡は、内道場に供奉する一人として迎えられ、その呪験力から禅師となって医療看病にも当っていたのであろう、保良宮に御幸中の孝謙上皇の看病に侍して寵を受けるようになり、それを諫言した淳仁と仲たがいをするに至ったというのである。内道場とは宮中に設けられた礼拝修行の場所で、そこに供奉する僧侶を内供奉（略して内供とも）といい、智徳のある高僧が選ばれた。道鏡が内供奉となった時期は明らかでないが、天平十九年（七四七）、東大寺良弁の使僧として「沙弥道鏡」の名がみえ（『大日本古文書』）、当時は修行中の僧侶であったと考えられるので、それ以後のことであろう。

当時僧侶の中には医療看病に従事する者も少なくなかった。『続日本紀』には、病気の聖武上皇に一二六人もの看病禅師が付されたと記すが、なかでも禅師法栄は「立性清潔、持戒第一」で、よく看病し、「太上天皇（聖武）、験を得たまふこと多数にして、信重人に過ぎ、他の医を用ゐ」なかったという（天平勝宝八歳五月二十三日条）。在位中の孝謙にもむろん看病禅師はいたであろうが、その中に道鏡が含まれていたかどうかはわからない。道鏡が保良宮に同行したのは本来は淳仁の法師としてではないか。ところがたまたま病気になった孝謙のもとに呼ばれ、治療にあたることになったというものであろう。栂尾高山寺所蔵の『宿曜占文抄』（道鏡伝）によれば、それは天平宝字六年四月のことで、宿曜秘法によって上皇の病気を治したとある。道鏡の場合、その相手が女帝であったところに問題が生じたのである。

淳仁は「常に以て言をなし」たというから、その諫言は一度や二度にとどまらなかったのであろう。これに対して孝謙は、「言ふまじき事をいひ、すまじきわざをしぬ」と反発している（天平宝字六年六月三日条）。淳仁の非難は道鏡との男女関係であったのだろう。のちに和気王は「怨なる男女二人あり」といって呪っており、その事をあえて否定するには及ぶまい。男帝であれば見逃がされたようなことが、女帝であるばかりに、しかも相手が宮中に出入りする僧侶であったことで、たちまちスキャンダルとなった。しかしわたくしは、この件には火付け役がいたと考えている。少僧都慈訓（じくん）である。

慈訓は道鏡と同じ河内国出身で、聖武の看病禅師として力を発揮し、天平勝宝八歳（七五六）五月、少僧都に任じられている。時に六六歳、道鏡よりは十四、五歳年長であったろうが、道鏡の先輩格であった。その上、仲麻呂や光明子の信任を得て山階寺（やましなでら）別当・興福寺別当となり、孝謙朝でも仲麻呂の仏教政策推進の中心人物となっていた。先述した淳仁即位直後の意見封進にもその名を列ねている。

こうしてみると慈訓と道鏡は、同じ時期宮中に供奉していたことが知られる。おそらくスキャンダルをいち早くキャッチしたのも慈訓であろう。慈訓にしてみれば、道鏡が孝謙と急速に近づき寵を受けるのを快く思えるはずがない。こうして慈訓は正義感にかられてか、それとも仲麻呂の歓心を買おうとしてかはともかく、仲麻呂に報告する。それが淳仁を通しての諫言になったとみてまず間違いない。平城宮へ戻ってからのことであるが、次のような事件が起こっている。

『続日本紀』天平宝字七年（七六三）九月四日条によれば、この日使者が山階寺に赴き、慈訓が「政（まつりごと）を行ふこと理（ことわり）に乖（そむ）き、綱（こう）たるに堪（た）へず」との理由で解任され、かわって即日道鏡が少僧都に任命されている。慈訓が「理に乖」いたという行為については具体的に述べていないが、道鏡が慈訓のポストに就任していることから判断して、例の事件に関わるものであったとみてよかろう。おそらく、のちに事情を知った孝謙が慈訓を罷免したというのが真相ではなかろうか。

孝謙と淳仁の間はこうして決裂し、ともに保良宮を引き上げる。淳仁は平城宮の中宮院に戻り、孝謙はそのまま出家し、法基尼（ほうきに）と号して法華寺に入る。

天平宝字六年（七六二）五月二十三日、孝謙四五歳、淳仁三〇歳の時のことである。仲麻呂が心血をそそいだ保良宮の命脈は、わずか七ヵ月にすぎなかった。

法華寺に入って一〇日後の六月三日、孝謙は詔を下し、激しい口調で淳仁を非難している（部分的に前に引用したので、適宜言葉を補って意訳する）。

“孝謙院政”の実現

私は女の身であるが、草壁皇子の皇統を断絶させせないようにという母の勧めによって即位し、政治を行ってきた。しかし淳仁は私に恭順することなく暴言をはき、無礼を働いてきた。私にはそんなことを言われる覚えはない。同じ宮に住んでいるからこそ聞かねばならないのであって、こうして別の宮に住めば言われるわけもない。それはひとえに私が不徳であるからなのだが、何と恥しいことか。別宮に住んだもう一つの理由は、いまこそ菩提心をおこすべき時期と考え、出家したからである。

といい、次のように述べている。

但し政事は、常の祀り小けき事は、今の帝行ひ給へ。国家の大事、賞罰二つの柄は朕行はむ。

宮外の法華寺を在所に定めたことについて、出家の身となれば自分が天皇と別宮に住むのは当然であるとして、自分の行動の正当性を主張し、その上で「国家の大事と賞罰」すなわち国政権の掌握を宣言したものである。

この詔は、次の二つの事実が示されており、意味深い。

一つは、上皇に別宮のないことがトラブルの原因であるとして、天皇との別居の必要性が説かれていることである。これは当時、特別な事情がない限り、上皇となっても天皇と同じ宮内に住むのが慣例であることを示している。

二つは、特別な事情というのが、この場合は出家だったことである。孝謙の行動は父聖武が出家して薬師寺宮に入った例にならうものであるが、出家を別居の手段に用いているのが聖武と異なるところである。

しかしわたくしは、孝謙の本意は淳仁との別居でもなければ出家にあったのでもない、それどころか、出家＝別居を機に政治上のリーダーシップを握ることにあったと考えている。出家＝別居はあくまでもそのための方便でしかなかった。その辺りのことをもう少し考えてみたい。

第二の〃聖武〃

孝謙が国政権の掌握に異常なほど固執したのには、理由があった。淳仁の即位以来抱き続けてきた〃こだわり〃を、なお拭い去れずにいたからである。しかも光明子が亡くなって以後、淳仁＝仲麻呂との関係は悪化するばかりであった。その点で光明子の存在が決して小さくはなかったことをあらためて知らされる。

孝謙の〃こだわり〃のもとは聖武にあった。これまで幾度となく述べてきたように、孝謙が指針としたのは父聖武の言葉であり、その行動であった。孝謙にとって上皇聖武の存在はすべてであったといってよい。

ただしそれは聖武—孝謙の関係に限るものではない。奈良時代の上皇は大権を有し、天皇を越える存在と認識されており、それをごく自然の姿とみていた（瀧浪「奈良時代の上皇と後院」）。いわば院政である。しかも聖武の場合、その上皇権は出家してからも変わることなく保持されていた。

こうした聖武をつねに手本としてきた孝謙が、上皇になって、自らの立場を聖武のそれに重ねようとしたのはごく自然のことであった。つまり孝謙自身が〃聖武〃となり、淳仁をかつての〃孝謙〃とすることであった。重要なのは、それが淳仁天皇の存在を否定するものではなかったということだ。詔の中で「常の祀り小けき事は、今の帝行ひ給へ。国家の大事、賞罰二つの柄は朕行はむ」と述べたことの意味である。

こうしてみると、詔に見る孝謙の行動はきわめて政治的であったことが知られる。おそらく淳仁とのトラブルを奇貨として、兼ねてからの考えを一挙に実現したというのが真相であろう。

こうして孝謙は第二の〝聖武〟となった。譲位以来鬱積していた孝謙のわだかまりも、ようやく解消され、政局は安定した。孝謙の立場が異例なものでなかった以上、淳仁はもとより仲麻呂としても口をはさむ余地はなかったろう。それは貴族たちも同様であった、というより仲麻呂の専恣を掣肘した孝謙の措置に、支持者は少なくなかったのである。そのことはやがて明らかとなる。

なおその間のこととして留意されるのが八月十一日、仲麻呂が息の訓儒麻呂らに命じて中宮院に侍さしめ淳仁の勅旨の伝宣に当らせていることである。これは平安初期、薬子の変の時に置かれる蔵人頭の先蹤として注目されるが、しかし十分な成果をあげたとは思えない。

従来、孝謙による大権と小権の分離をもって皇権の分裂とみなし、いわば二所朝廷という異常事態が現出したと理解してきたが、それは決して正しい認識ではない。当時の在り方からいえばむしろ常態に戻ったのであり、じじつ政治的にはそれで安定している。その証拠に仲麻呂は低調とはなったが、新羅出兵の準備を引き続き進めているし、その年十二月の人事では仲麻呂の子息三人がそろって参議に任じられている。

また平城宮跡から出土した木簡の中に、法華寺にいる孝謙に近侍していた「竹波命婦」なる女官から平城宮大膳職あてに小豆・醬・酢・味醬などを請求したと推定されるものが含まれており、生活の一端を伝えている。

事が起らなければ、このまま時間は推移したであろう。

しかし事は起った。天平宝字八年九月十一日のことで、発端は密告であった。

都督使

これより九日前（九月二日）、仲麻呂は都督四畿内三関近江丹波播磨等国兵事使という新たに置かれた官に就任している。仲麻呂みずからが孝謙に奏聞して任命されたもので、いわば畿内近国の軍事総監である。

仲麻呂の意図が軍事権の掌握・強化にあったことは見え透いている。孝謙（側）がそれに気付かないはずはなかろう。とすればそれを知った上での、むしろ誘発的容認であったとみるべきか。結果から判断すると、仲麻呂の策略や行動は当初から逐一察知されていたとみる。

それにしても都督使という臨戦体制を思わせる特別官の設置には、十分に公的な理由があったとみなければならないが、わたくしは、仲麻呂が対新羅工作にかこつけて巧みに孝謙の許可を得たものと考える。

新羅征討については、一般に、征討計画の一環として設けられた節度使のうち南海道・山陽道のそれが前年（天平宝字七年八月）に停廃されていることから、この年をもって中止したと理解されている。しかし東海道と西海道には依然存続しており、その段階で計画が縮小されたことは確かとしても、完全に終了したわけではない。東海道節度使が廃止され（天平宝字八年七月十七日）、最後に西海道節度使が停止された翌八年十一月をもって出兵計画は放棄されたとみるべきである。

都督使の設置はこの間のことであり、東海道節度使に代わりこれを再編強化したものと考える。東海道節度使が停止された二日後、前年（天平宝字七年二月）に続き新羅使が博多津に来着しているが、来日の目的というのが唐の勅使の依頼をうけ、日本の入唐学問僧戒融の帰国を確認したいというものであった。これを日本の征討計画の停止を再度確認するための来朝とみる意見もあるが、計画は完全に放棄されてはいなかったのであるから、適切ではない。むしろ唐のことにかこつけて日本側の意向を打診したものであり、和平工作であったと考える。そこで仲麻呂はそういう状況を承知の上で、新羅への対応策として都督使を設置し、その実、自己の軍事体制を固めようとしたのである。しかし事が対外関係である以上、孝謙（側）としてもあえて反対する理由は見出せなかったのであろう。

はたせるかな仲麻呂は、都督使に就任するやただちに文書を改竄して兵士の動員数を増加し、諸国に公布した。これを決起のための兵力増強と見抜いた高丘比良麻呂は、ただちに孝謙に密告している。大外記の比良麻呂は立場上、仲麻呂の文書偽造を容易に見破ることができたのであろう。『続日本紀』には、「禍の己に及ばむことを懼れ」ての密告であったと記している（天平宝字八年九月十八日条）。

策士仲麻呂の最期

この時仲麻呂は、たしかに淳仁天皇の兄たちと謀反の準備を進めていた。『続日本紀』（天平宝字八年十月九日条）によれば池田親王は夏頃から兵馬を集めていたといい、船親王も仲麻呂と共謀して、朝廷の咎を数えあげて訴え出るべく用意をしていたという。のちに行われた田村第（仲麻呂邸）の家宅捜査で、そのことを裏付ける文書が発見され、動かぬ証拠とされた。

相前後して陰陽師大津大浦からも密奏が届けられた。大浦は仲麻呂の求めで決起の吉凶を占ったというから、計画も最終段階に入っていたのであろう。仲麻呂の陰陽好みは知られるところで、先述した小治田宮への移御について大史局（陰陽寮）から奏上させたように、大事な局面でその判断を求めている。なかでも大浦にはよほどの信頼を寄せていたとみられるが、こともあろうに、その大浦に裏切られたわけで、この時点ですでに勝敗は決したも同然であった。仲麻呂が都督使に任じられた二日後には、御史大夫（弾正尹の唐名）文室浄三が致仕している。時に七二歳の老齢ではあったが、仲麻呂が官位を剝奪された翌日、致仕によって減半された職分の雑物を元通り支給されているから、浄三もまた孝謙（側）に通じていた一人とみてよいであろう。

　さて密告をうけた孝謙（側）は九月十一日、ただちに少納言山村王を淳仁の御在所中宮院に派遣して鈴印を押収した。鈴印は皇権のシンボルであり、それは淳仁＝仲麻呂からの皇権剝奪を意味した。

　これを知って仲麻呂はすぐさま中宮院で淳仁に近侍していた息の訓儒麻呂に命じて奪回させている。しかし孝謙側の行動は迅速峻烈であった。授刀衛少尉坂上苅田麻呂、将曹牡鹿嶋足らに命じて訓儒麻呂を射殺させ、ふたたび鈴印を奪い返して仲麻呂の応酬を破り、鈴印は即日孝謙のもとに届けられている。鈴印を手にした孝謙は、この日仲麻呂と一族の官職を奪い、藤原姓を除く処置をとった。藤原氏から仲麻呂一族を除名したのである。また職分・功封なども没収している。

　以上が、仲麻呂が叛旗を翻した九月十一日の出来事である。事の経緯からみると、鈴印争奪にはじまるこの日の戦いは孝謙（側）から仕掛けた一方的なものであった。仲麻呂の計算には、この筋書きはまったく描かれていなかったろう。

　仲麻呂の末期は早かった。その日、十一日の夜、一族とともに体制を建て直すべく近江（国庁）に向ったが、ここでも孝謙方に先手を打たれて勢多橋を渡れず、やむなく湖西の高嶋郡を北上して越前に入ろうとしたところ、これも愛発関（あらちのせき）で遮断されてしまう。進退に窮した仲麻呂は船で浅井郡塩津に向ったが、不運にも逆風で漂没しそうになったため仕方なく上陸し、今度は山道から愛発関の突破を試みたがこれも失敗、追いつめられた仲麻呂はふたたび引返して高嶋郡三尾埼に向い、勝野鬼江から乗船して琵琶湖上に逃れたが、たちまちにして捕えられ、首を刎（は）ねられた。一族・与党の大半は戦死し、仲麻呂と一緒に最後の船に乗ったのは、わずかに三、四人の妻子だけであったという。

淡路廃帝

近江に敗走中、仲麻呂は、氷上塩焼（ひかみのしおやき）を急遽天皇に擁立している。塩焼は先に廃太子された道祖王の兄で、聖武皇女不破（ふわ）内親王（母は県犬養広刀自（あがたいぬかいのひろとじ））を妻としていた。むろんこの塩焼も斬罪に処された。淳仁に近侍していたわが子訓儒麻呂が射殺され、淳仁を連れ出すことができなかったためにかつぎ出したのであろうが、巻き添えをくった塩焼こそ哀れである。仲麻呂一族が悲惨な最期を遂げる中、息の一人、刷雄（さつお）だけは、若くして禅行を修めたことから死を免かれ、隠岐に配流されている。

仲麻呂、時に五九歳、その首は十八日、平城宮にもたらされている。

仲麻呂追討軍を指揮したのは、この時七〇歳の吉備真備（きびのまきび）である。真備は孝謙の皇太子時代、東宮学士として教育に当ったが、仲麻呂にうとまれて不遇の生活を強いられていた。乱が起るや、在唐中に得た軍学の知識が買われて急遽軍務に参画したという。仲麻呂の行動はすべて後手に回り、わずか一〇日足らずで敗死に追いこまれているが、これも真備の軍略によるとみられる。追討軍の動員兵の中には、かつて仲麻呂の配下にあった造東大寺司所属の写経生や木工などもいたことが知られ、仲麻呂に与同する者はほとんどいなかったようである。正倉院（東大寺）に収蔵されていた武器が追討軍に下賜されたことも知られている。

仲麻呂は、孝謙が法華寺に入って以来、対決を予期していたはずだが、この前後、仲麻呂（側）を刺激した事件として留意されているのが紀寺の奴の訴訟である（岸俊男『藤原仲麻呂』）。天平宝字八年七月十二日、平城京の紀寺（現西紀寺町にある璉城寺が後身と伝えられる）の奴益人の訴えによって、寺賤とされていた者たちが賜姓され、京戸（京中住人）として戸籍に付けられたという一件である。これが問題とされるのは、その審議や裁決の過程があいまいで疑義があったにもかかわらず、孝謙上皇の勅裁で強引に裁断されていることで、事件の性質上、益人らの放賤に孝謙・道鏡が関わっていたことは間違いないであろう。次第に政治に容喙してくる道鏡に敵対心を抱いた仲麻呂が、この措置に憤慨し対決姿勢を強めたとみるのであるが、対立を深めた一因ではあっても反乱を起こす直接の契機になったとまではいえないように思う。

それにしても仲麻呂が人びとの支持を得ていたら、こうも悲惨な最期を遂げることはなかったであろう。独裁的な専恣は貴族社会の中で仲麻呂を完全に孤立させていたのである。

仲麻呂が敗死して一ヵ月後の十月九日、孝謙は淳仁を廃して淡路へ流した。『続日本紀』によれば、「仲麻呂と心を同じくして窃に朕を掃はむと謀りけり。また窃に六千の兵を発しととのひ、また七人のみして関に入れむとも謀りけり」との罪状が読み上げられ、あまりの急に、淳仁は身仕度もととのわないまま母とともに配所へ護送されたという。仲麻呂が敗死して一ヵ月経過していることから、孝謙側に多少の躊躇があったとも考えられるが、事後処理に必要な時間のうちであり、廃帝・配流は当初からの

淳仁天皇供養塔　(滋賀県西浅井町菅浦)
天皇の菩提寺と伝える長福寺跡にある

方針であったとみる。「王を奴となすとも、奴を王と云ふとも云々」との聖武の勅がもち出されたのは(一一〇頁)、この時のことである。

配所での淳仁は幽憤にたえず、再三脱出を企てたが、そのつど国司に捕えられ、最後は天平神護元年(七六五)十月二十二日奇怪な死をとげたという。強引に死に至らしめた可能性が強い。

淡路島南淡町にこの時期のものとしては立派な陵(みささぎ)があり、近くに母当麻山背(たいまのやましろ)の墓がある。

ちなみに琵琶湖の北、菅浦(すがうら)(西浅井町)の須賀神社には淳仁天皇が合祀され、また集落の中に天皇の墓と称する五輪塔が建っている。仲麻呂と行動を共にしたわけではないが、後世心を寄せる人もいたのである。

法王との「共治」

西暦	年　号	(年齢)	
718	養老元	(1)	誕生
738	天平10	(21)	立太子
749	天平勝宝元	(32)	即位
764	天平宝字 8	(47)	**重祚**
765	天平神護元	(48)	和気王事件．廃帝淳仁(33)没．称徳天皇紀伊行幸，道鏡太政大臣禅師．僧俗による大嘗祭を行う
766	天平神護 2	(49)	道鏡法王．藤原永手左大臣，吉備真備右大臣に任
767	神護景雲元	(50)	称徳天皇東大寺など諸寺へ行幸．法王宮職設置．東院の玉殿完成(玉宮)．習宜阿曾麻呂豊前介となる
769	神護景雲 3	(52)	県犬養姉女事件，不破内親王追放．
770	宝亀元	(53)	没

呪われた重祚

弁明の詔

天平宝字八年（七六四）、孝謙はふたたび即位した。称徳女帝である。大化改新後に重祚(ちょうそ)した皇極（斉明）女帝以来一〇九年ぶりのことであるが、重祚は、草壁皇統に固執しつづけてきた孝謙にすれば、当然の帰結であったろう。翌年正月、年号も天平神護と改め、十一月には大嘗祭(だいじょうさい)を行い、あらためて即位を表明している。

しかし皇嗣問題は、これによって振り出しに戻った、といってよい。上皇時代は間接的な立場であったものが、天皇になったことによってふたたび、そして直接解決すべき切実な課題となったからである。じじつ淳仁廃位から五日後（天平宝字八年十月十四日）には、はやくも貴族官人たちに次のような詔(みことのり)を下していた。

国の鎮(しずめ)とは皇太子を置き定めてし心も安くおだひに在りと、常人の念(おも)ひ云へる所に在り。然るに今の間此の太子を定め賜はず在る故(ゆえ)は、人の能(よ)けむと念ひて定むるも必ず能くしも在らず。天の授けざるを得て在る人は、受けても全く坐(いま)す物にも在らず、後に壊れぬ。故、是を以て念(おも)へば、人の授

天平神護2（766）	1. 8	藤原永手を右大臣に任命＊
	2.20	稲穀貯蓄を命じる
	4. 7	大宰府の上申に対する返答
	4.22	大赦
	6.12	稲穀運搬者への報奨（2月20日勅の修正）
	6.26	田租免
	7.27	衛士・仕丁の処遇
	9. 5	諸国官舎の修理状況を命ずる
	10.20	道鏡に法王を授ける＊
		法王を授ける理由＊
		円興・基真を法臣・法参議とする＊
		永手を左大臣，真備を右大臣とする＊
	10.21	舎利出現を祝して叙位
	10.23	法王の月料を定める
神護景雲元（767）	1. 8	吉祥天悔過の法を行う
	1.18	老年の諸王に叙位
	3.17	仲麻呂の乱の武勲を賞
	4.24	勧農
	6. 5	淡海三船（東山道巡察使）を懲罰
	8.16	改元＊
	10.15	伊治城完成による叙位
神護景雲2（768）	2.18	内膳司長官の称について
	5. 3	国主などの名や文字の使用禁止
	6.21	武蔵国白雉献上について
	9.11	祥瑞出現について
	12.16	伊治・桃生城への移住者に給復
神護景雲3（769）	2.17	東国移住者を募る
	3.28	大赦
	5.25	不破内親王を追放
	5.29	県犬養姉女らを配流＊
	6.19	中臣清麻呂に大中臣朝臣を賜姓
	9.25	宇佐託宣事件，清麻呂らを追放＊
		法均の態度の無礼を怒る＊
		共謀者は許す＊
		清麻呂らの姓を奪う＊
		明基も追放＊
	10. 1	道理に背いた行動を戒める＊
		皇位についての考え＊
		皇位を狙う動きへの戒め＊
		紫綾の帯を与える＊
	11.28	新嘗を諸臣と喜ぶ＊
宝亀元（770）	4. 5	由義寺造塔関係者に叙位
	5.11	白鹿・白雀の祥瑞を諮る
	6. 1	大赦
	7.15	大般若経を転読する
	8. 4	白壁王の立太子（遺宣）＊

『続日本紀』にみる称徳女帝の詔勅の内容（＊は宣命）

年	月日	内容
天平宝字6（762）	6. 3	淳仁天皇と政柄を分担する＊
天平宝字8（764）	7.12	紀寺の奴益人らを良民とする（口勅）
	9.11	藤原仲麻呂及び一族の官位剝奪
	9.12	仲麻呂追討
		文室浄三の処遇
	9.20	仲麻呂の乱の経緯＊
		道鏡を大臣禅師とする＊
		諸氏の人々への叙位＊
	9.22	唐風官名を旧に復す
	9.28	道鏡の辞任を退ける
	9.29	仲麻呂の乱の終結
		藤原豊成左降の関係文書の焼却
	10. 7	仲麻呂追討功労者に叙位
	10. 9	淳仁天皇を廃位し淡路へ配流＊
		官物等の処分
		船親王・池田両親王を配流＊
	10.11	肉・魚類の貢進を禁止
	10.14	皇太子を定めずにいることの理由＊
		皇太子擁立の動きを戒める＊
	10.16	大赦，租の免
	10.21	在京囚徒の大赦
	10.30	續労銭の停止
	11.28	百官の選限を旧に復す
	12.28	大赦
天平神護元（765）	1. 7	改元
		仲麻呂の乱の功労者に叙位＊
	2.14	淡路廃帝について警戒を命ず
	3. 2	旱害により租税延納を認める
	3. 5	加墾禁止令
		王臣家の武器私有を禁止する
		淡路廃帝復位の動きを戒める＊
	6.13	飢饉・米価高騰対策
	8. 1	和気王を処罰する＊
		和気王の与党の罪を免じる＊
	10.22	行幸先の紀伊国の調庸を免
	閏10. 2	道鏡を太政大臣禅師とする＊
		道鏡にいわずに授けることにする＊
	11.23	神祇伯中臣清麻呂に叙位
		由紀・須岐二国守に叙位＊
		出家の身でありながら重祚した理由＊
		大嘗祭に僧侶を参加させた理由＊
	11.24	諸王と藤原氏に大嘗の酒を賜わる＊

> くるに依りても得ず、力を以て競ふべき物にも在らず。猶天のゆるして授くべき人は在らむと念ひて定め賜はぬにこそあれ。此の天つ日嗣(ひつぎ)の位を朕一(ひと)り貪りて後の継(つぎ)を定めじとには在らず。今しきの間は念ひ見定めむに天の授け賜はむ所(ひと)は漸漸(ようやく)に現れなむと念ひてなも定め賜はぬ。

国家を鎮め護るためには皇太子を定めることが肝要である。にもかかわらず皇太子を立てないままでいるのは、その人と思って立てた人物でも天命を得ずに皇位につけば、結局は破滅してしまう。皇位というのは人が授けるものでもなければ力ずくで獲得するものでもない。天命によって選ばれた人が現われるのを私は待っているのである。この「天つ日嗣」の位を私が独占して、後継者を定めないのではない、というのがその趣旨である。破滅を招いたというのが淳仁の擁立をさすことはいうまでもないが、それを強調することで立太子問題をカモフラージュしている感もある。道祖(ふなど)王を廃太子し、いままた淳仁を退けた称徳にとって、立太子問題は慎重に運ばねばならぬ仕事であった。立太子に対するこうした称徳の姿勢は、この時期しばしば詔として表明されている。

詔といえば、勅を含めて称徳朝の特徴ともいえるのが、この前後から事あるごとに出されていることである。しかも独特の和文体で書かれた宣命(せんみょう)が少なくない。漢文体の詔勅に比して、はるかに生の声を伝えているといえる。ただしその内容はいずれも弁解に終始している。それだけ問題を多くかかえていたことを物語ると同時に、称徳の人柄を示しているともいえそうだ。問題があるとすぐに官人に語りかける——良くも悪くも天皇と貴族官人の間にコミニュケーションが成立していた、唯一の時期といってよいのではないか。称徳の政治的能力とも無関係ではないが、少なくとも権謀術数を弄して事実を隠蔽するような人柄ではなかったといえよう。それにしても立太子に向けての動きがないのはなぜか。繰り返し詔勅を発布し、謀反の企てを抑えること以外に手を打っていない。そればかりか、〝ある事件〟以後は皇嗣問題について一切発言しなくなる。

称徳はなにを考えていたのであろうか。

ひとことで言えば立太子問題どころか、重祚以後の称徳は孝謙時代にはなかった、自身に関わる深刻な事態に直面していた。女帝ゆえに生ずる政治的動揺をどう乗り切るかである。その事実についてはすぐあとに述べるが、そのような不安の中に置かれていた称徳にとっての唯一の救いが、道鏡という存在であった。重祚以後、称徳にとって道鏡は不可欠の後見者であり、道鏡をいかに位置づけるかが最大の関心事ともなっていた。

しかし皇位継承問題をめぐる現実は、称徳が考える以上に深刻であった。

怨なる男女を殺し賜へ

天平神護元年（七六五）八月一日、参議従三位兵部卿和気王が逮捕された。『続日本紀』には、和気王が皇位をねらい、紀朝臣益女に多数の賂を贈って天皇を呪咀させたと記す。益女は「巫鬼（呪術）」で知られ、和気王の寵を得ていた。また王が「己が霊」に祈った願書（文）には、「己が心に念ひ求むる事をし成し給ひてば、尊き霊の子孫の遠く流して在るをば京都に召し上げて臣と成さむ」と記し、「己が怨む男女二人在り。此を殺し賜へ」とまで書かれていたとある。

和気王は舎人親王の孫であり、願文に認めた「尊霊の子孫の遠く流」された者とは、仲麻呂の乱によって淳仁とともに遠流に処せられた舎人親王の子孫たち、すなわち船王（隠岐）・池田王（土佐）やその子供たちをさす（船王の息葦田王、孫池田王・津守王・豊浦王・宮子王らは丹後国に配流）。つまりいずれも和気王の親族である。「己が怨む男女」が称徳女帝と道鏡を指すことはいうまでもないが、その直截的な表現に、和気王の怨念のすさまじさがうかがわれる。その二人を殺して和気王が皇位につき、召還した舎人系の人びととともに朝廷を立て直そうというのである。

二世王である和気王（父は御原王）は天平勝宝七歳（七五五）、岡真人の姓を賜わり皇籍からはずされていたが、例の「尊号一件」の折、舎人親王こと崇道尽敬皇帝の孫として王に復籍され、従四位下に蔭叙されている。そうした経緯をみると舎人親王を祖とする同族意識や連帯感に格別の絆があって不思議はないが、何が王をそこまで追いつめたのか。

この和気王は、じつは仲麻呂の謀反を通報した一人であった。仲麻呂から冷遇されたとも思えない王が、密告に踏み切ったのは、専恣に走る仲麻呂の破滅を見越してのことであろうが、淳仁の甥として、その陰謀に巻き込まれることを恐れたというのが真相であろう。孤立を深めていた仲麻呂は、前述したように、淳仁の兄弟たちを誘って謀議を進めていたのである。

王が仲麻呂の企みをどの程度把握していたかは明らかでないが、密告したことによって叔父淳仁を廃位させ、一族を配流の憂き目にあわせる結果を招いた。それればかりか王は、淳仁を中宮院に囲み、その逮捕にも直接関わっている（天平宝字八年十月九日）。これほどの裏切りはないといってよいであろう。和気王は、おのれの振舞いが淳仁の廃位をもたらすとまでは予想していなかったのではないか。しかし事件後、累が淳仁に及ぶに至っておのれの浅慮に気づき、後悔と自責の念をつのらせていったように思われる。

というのも称徳（側）が和気王の懐柔につとめていたことは誰の目にも明らかだったからである。すなわち仲麻呂が敗死した直後、王は従四位上から従三位に昇叙され、ついで参議・兵部卿に任じられている。淳仁逮捕に向ったのはそうした立場からのもので、決して王の本意ではなかったろう。というより当初から淳仁逮捕に当たらせることを計算した上での兵部卿任命であった可能性がある。

王への褒賞（ほうしょう）はこれにとどまらなかった。翌年正月、天平神護と改元された時、勲（くん）二等を賜わり、同三月には功田五〇町を与えられている。時に兵部大輔として王の配下にあった大津大浦も密告者の一人であったが、同時に功田一五町が与えられているから、王だけの褒賞というのではないが、それにしても立て続けに行われる王への一連の厚遇は、見返りにしては過分にすぎよう。明らかに意図的なものであった。

天平の〝刀狩り〟

これより数日前の三月五日、称徳は詔を下し、王臣家が武器を私有することを禁止し、朝廷に没収している。いわば「天平の刀狩り」である。当時、王臣家に不穏な動きのあることをうかがわせるが、称徳はこの日、重ねて詔を下し、次のように述べている（『続日本紀』）。

天下の政は、君の勅に在るを、己が心のひきひき（思い思いに）、太子を立てむと念ひて功を欲する物には在らず。然れども此の位（皇太子の位）は、天地の置き賜ひ授け賜ふ位に在り。故、是を以て、朕（われ）も天地の明らけきを奇しき徴（くしきしるし）の授け賜ふ人は出でなむと念ひて在り。猶今の間は、明らかに浄き（きよき）心を以て、人にもいざなはれず、人をもともなはずして、おのもおのも貞（さだ）かに能（よ）く浄き心を以て奉へ仕（つかえまつ）れ。

大意は、天地が瑞祥を表わして皇太子となるべき人がきっと出現するはずである。それまで人に誘われることも、誘うこともしないでほしい、というもので、王臣家に対して皇太子擁立の動きを掣肘（せいちゅう）している。

称徳の詔はこのあと配流中の淳仁にも言及し、その復位を謀ろうとする動きがあるが、廃帝には天子としての器量がなく、復位はもってのほかである、と語気を強めて批判し、その動きを戒めている。淳仁の復位をはじめ、皇嗣をめぐる不穏な動きを称徳自身がキャッチしていたことを知るが、王臣家の武器私有の禁止令は、まさにそうした動きに対処するためのものであった。

先にみた和気王に五〇町もの功田が与えられたのが詔の五日後（三月十日）であったことを考えると、その意図は明白であろう。

淳仁廃位のあと、有力な皇位継承者とされたのは、淳仁に連なる舎人親王系の諸王たち、なかでも和気王であった。淳仁の係累の多くは連坐し、配流されていたからである。和気王に対する破格の処置は、称徳朝への忠誠心を要求するとともに、王にその野心を放棄させるための懐柔策であったことは明らかである。かつて元明女帝が、懐柔策として長屋王に対して〝親王〟の称号を認める措置をとったこと（二一頁）が想起されよう。

しかしその一方で、繰り返し述べられる称徳の立太子観は、逆に和気王の自尊心を傷つけるものではなかったか。「猶天のゆるして授くべき人は在らむと念ひて定め賜はぬにこそあれ」（一五四頁）とか、「朕も天地の明らけき奇しき徴の授け賜ふ人は出でなむと念ひて在り」（前頁）との言葉は、端的にいえば和気王の立場をまったく無視するものであり、適格者でないことを表明したものに他ならない。称徳が皇太子を立てないことを弁明すればするほど和気王が称徳への不満や反発を強めていったとしても不思議でない。和気王に前述したような負い目があったことも、決起の土壌になっていただろう。
王が立ち上がるのに時間はかからなかった。とくに王臣への武器私有の禁止令、それとの交換条件のような形での多額の功田賜与が、王を決断させる発火点となったことはまず間違いない。だが王は武器をもっていない。取り得る手段は呪詛しかなかったろう。それだけに事件は陰湿を極めたのである。

和気王の事件を、それが呪詛であったことから疑獄とみる理解もあるが、事実とみてよいと考える。ただし、かりにこれが成功したとしても、和気王に貴族官人たちの支持があったとは思えない。和気王もまたほとんど孤立していたのである。

和気王は伊豆へ配流の途次、山背国相楽郡で絞殺された。益女も同綴喜郡松井村で絞殺されている。また王と交友関係のあった参議粟田道麻呂は飛騨員外介に降され、任地で妻とともに幽閉されて没し、隠岐員外介とされた石川永年も数年後に自殺した。日向守に左遷された大津大浦だけは宝亀の初めに許されて帰京しているが、それにしても前後に例を見ない厳罰であったことに驚かされる。

その頃淡路島でも、淳仁が幽憤にたえられずに脱出を企てたといい（十月二十二日）、『続日本紀』には「（淡路）守佐伯宿禰助、掾高屋連並木ら兵を率ゐてこれを邀る。公（淳仁）還りて明くる日に院中に薨ず」と記す。淳仁復位の動きが早くからあったことは前に述べたが、この奇怪な死は、時期から考えて和気王の絞殺と無関係であったとは思えない。国衙の兵に殺されたというのが真相であろう。

これ以後、皇位継承に舎人系の諸王が関わることはない。翌天平神護二年、「聖武皇帝の皇子」と称する者が現れたが、偽者とわかり遠流に処せられている。

こうしてみると和気王の事件は、決して広がりのあるものではなかったが、王臣の中で皇位継承にもっとも近い立場にあっただけに、和気王やその一族の動きを押えたことは、称徳にとって区切りになったに違いない。それが証拠には、あれほど弁明に終始していた称徳が、これ以後立太子問題について一切口にしなくなる。先に述べた〝ある事件〟とは、じつはこの和気王の事件のことであった。これ以後称徳の関心は、ひたすら道鏡の処遇に向けられていく。

しかし、にもかかわらず事はふたたび起っている。

佐保川のドクロ

神護景雲三年（七六九）五月二十五日、不破内親王が厨真人厨女と名を変えられて京内から追放され、その子氷上志計志麻呂も土佐国への配流を命じられている。称徳が下した詔によれば、不破内親王は「先朝の勅」によって内親王の称号を奪われたが、それでもなお「積悪止まず、重ねて不敬を為す」といい、その罪は八虐に相当するが、「思ふ所有るによりて」罪を軽減しての措置という。

不破内親王は聖武の皇女で母は県犬養広刀自、称徳とは異母姉妹に当る。罪の宥免はそうした関係によるものであろう。また内親王の称号事件とは、不破の夫塩焼王（氷上塩焼）が聖武に無礼を働いて配流されたこと（天平十四年十月）にかかわるのか、それとも塩焼が仲麻呂によって今帝として擁立されたことに関係あるのか、明らかでない。志計志麻呂はその塩焼との間の子供であるが、同じく称徳の詔によれば、志計志麻呂は仲麻呂の乱で父塩焼とともに処罰されるべきところを母不破内親王の所生ということで免じられたが、いまその母の「悪行いよいよ彰る」との罪で配流に処されている。

事件の後仕末はそれで終らなかった。四日後の二十九日、今度は県犬養姉女ら数人の女官が配流されている。逆心を抱いた姉女が忍坂女王・石田女王らを誘い、不破内親王のもとに通って謀議し、志計志麻呂を皇位につけようと企んだというものであるが、姉女らは「天皇（称徳）の大御髪を盗み給はりて、きたなき佐保川の髑髏に入れて大宮の内に持ち参入り来て、厭魅すること三度せり」と。それが発覚し、姉女は犬部姉女と改められ、この日一味の女官とともに遠流に処せられている。

事件の首謀者は姉女であったと思われる。姉女は不破の母、県犬養広刀自の一族であり、志計志麻呂の外戚筋に当る。また配流の詔で称徳が「内つ奴として冠位挙げたまひ、かばね改めたまひ」と述べているように、天平宝字八年九月には内麻呂（姉女の父か兄か）らとともに県犬養大宿禰に改姓され、天平神護元年には従五位下を授けられるなど優遇されており、後宮女官として称徳に近侍していたとみられる。称徳の頭髪を手に入れることができたのも、そうした立場によるものであろう。当時の呪法の一端が知られて興味深いが、女帝の髪の毛を盗み、佐保川で拾ってきたドクロに入れて呪い殺そうとした、その生々しさに驚かされる。

それにしても塩焼といい、志計志麻呂といい、この父子は数奇な運命をたどっている。志計志麻呂の弟川継も、のちに皇位継承の争いに巻き込まれている。天武の曾孫であり、新田部系の男子というだけでなく、母を通して聖武の血を承けたことで時々の政治勢力に利用されたもので、なまじ皇位への幻想を抱いたばかりに翻弄されつづけた父子であった。

ところがこの事件は、次の光仁天皇の宝亀二年（七七一）八月に至り、丹比宿禰乙女の誣告であったことが判明する。『続日本紀』に、「初め乙女、忍坂女王・県犬養姉女ら乗輿を厭魅すると誣告す。ここに至りて姉女が罪雪む」とあり、一ヶ月後の九月十八日には、犬部内麻呂・姉女らは県犬養の本姓に復されている。ただしこの時雪罪されたのはこの県犬養氏だけで、忍坂女王など他の関係者には及ぼされていない。また不破内親王が赦免されるのは一年四ヵ月もたった翌年十二月のことで、誣告というのもにわかには信じがたい。

そういえばこの前後、宝亀二年七月、廃帝淳仁の兄弟や縁者たちが皇親籍に戻されており、同じく九月には和気王の子供たちも復籍されている。姉女らの復姓も、そうした措置の一環であった可能性が高い。

しかも前年秋から本年にかけて、不破の姉妹井上（いのえ（いかみ））内親王が立后（宝亀元年十一月）、ついでその子他戸（おさべ）親王が立太子されている（同二年正月）。また姉女が雪罪されたのは称徳の一周忌法会を終えた四日後であったことを考えると、誣告という形にして罪を許したということも考えられよう。ただその場合でも不破内親王の罪だけは許しがたいとみなされていたのかも知れない。

以上は、称徳がその重祚以来皇嗣をめぐるトラブルをひきずっていたことの一端であるが、これだけでも称徳の重祚が貴族社会に全面的に歓迎されたものではなかったことが知られよう。孝謙が、上皇として淳仁の後見者的立場に立つことには支持を得られても、女帝として位にあることは認められない――不破内親王たちと立場は違うが、称徳もまた女帝のもつ宿命にさらされていたのである。

両親がいた時期にはそれほどの深刻さは感じなかったであろうが、みずからの意志で重祚した今は山積する問題を自身の手で解決していかなければならない。しかも前途に何の展望もない中で。称徳は重祚したことで、重い負い目を背負わされることになる。

即位なき大嘗祭

話を戻す。仲麻呂を敗死させた翌天平神護元年（七六五）十一月、称徳は重祚の大嘗祭を行っている。『続日本紀』によると、同十六日、美濃国を由機（悠紀とも）、越前国を須岐（主基とも）とし、大嘗宮の造営に着手している。儀式の責任者は神祇伯中臣清麻呂である。

即位式のない重祚

称徳は孝謙時代に一度大嘗祭を経験しており、二度目であるが、称徳の立場は孝謙時代と異なっており、今度の祭儀は異例ずくめであった。

立場の違いというのは、一つは、称徳がこの時点で正式に即位していなかったことである。『続日本紀』に関係記事を見ることができない。記事が欠落したのでもない。詔の中で、「この天つ日嗣の位を朕が一人むさぼり云々」（天平宝字八年十月十四日条）と述べていることや、「還りてまた天下を治めたまふ」（天平神護元年十一月二十三日条）といった『続日本紀』の記述からも、重祚は当然の事実として受けとめられていたのである。しかし称徳は重祚はしたが、即位式を行った形跡がない。じつはしたくてもできなかったし、またかりにできたとしても行わなかったろう。当時践祚（天皇の位を受け継ぐこと）と即位（天皇の位につくこと）との儀礼上の区別はまだなく、践祚（即位）は先帝の崩御もしくは受禅によった。淳仁に代始改元を認めなかったとはいえ、正式に譲位したことが事実である以上、称徳が重祚するには形式上、受禅践祚すなわち淳仁から皇位を禅譲されて即位するという手続きが必要であった。しかし廃位させた淳仁からの禅譲・即位は有り得ない。その意味で大嘗祭は、称徳があらためて即位を確認する重大な儀式でもあったのである。

道俗の供奉

異例であったことの二つは、これ以前すでに称徳は出家しており、出家天皇が大嘗祭を行う先例がなかったことである。そのために称徳は大嘗会の儀式が終ったあとの直会、すなわち百官を集めての酒宴（豊明節会、三日間行われる）の最初の日（二十三日）に、次のような勅を発している。

今勅りたまはく、今日は大新嘗のなほらひの豊明聞し行す日に在り。然るに此の遍の常より別に在る故は、朕は仏の御弟子として菩薩の戒を受け賜ひて在り。此によりて上つ方は三宝に供へ奉り、次には天社・国社の神等をもゐやびまつり、次には供へ奉る親王たち臣たち百官の人等、天下の人民諸を愍み賜ひ慈み賜はむと念ひてなも還りて復天下を治め賜ふ。故、汝等も安らけくおだひに侍りて、由紀・須岐二国の献れる黒紀・白紀の御酒を赤丹のほにたまへゑらき常も賜ふ酒幣の物を賜はり以て退れとしてなも御物賜はくと宣りたまふ。

復勅りたまはく、神等をば三宝より離けて触れぬ物そとなも人の念ひて在る。然れども経を見まつれば仏の御法を護りまつり尊びまつるは諸の神たちにいましけり。故、是を以て、出家せし人も白衣も相雑はりて供へ奉るに豈障る事は在らじと念ひてなも、本忌みしが如くは忌まずして、此の大嘗は聞し行すと宣りたまふ御命を、諸聞しめさへと宣る。

読んでの通り二つの勅からなるが、それぞれ要約しておく。

(1)　このたびの大嘗祭がいつもと違っているのは、私が仏弟子として菩薩戒をうけた身であるということである。だからまず第一に仏に仕え、次に天つ社・国つ社の神々をうやまうために、ふたたび皇位についたのである。

(2)　また人々は、神々を仏から遠ざけ、隔離すべきものだと思っているが、仏教の経典をみると、仏法を守護しそれを尊崇するのは神々であると説かれている。だから出家人（僧侶）と白衣（俗人）とが一緒になって神事に供奉しても支障のあろうはずはない。今までは忌み避けてきたが、今回は避けずに僧侶も参加させて、この大嘗祭を行ったのである。

すなわち前の勅(1)は仏弟子の身として重祚するに至った経緯を記し、後の勅(2)は、このたびの大嘗祭で出家者と在俗者を一緒に奉仕させたことを述べたものである。知られるように、ここには典型的な神仏習合、本地垂迹思想が述べられている。こうした称徳の考え方はすでに初度（孝謙時代）の大嘗祭の際、その萌芽がみられたことは前に述べたが、ここではそれがより徹底された形で表明されている。これは神事と仏事の混交を忌避してきた貴族たちへの挑戦といってよいかも知れない。タブーは破られたのである。

ところで右の勅で、称徳が、「出家人も白衣も相雑りて供へ奉るに、豈に障ることは在らじ」として僧侶を参列させたというのは、この日の直会の宴席だけのことではなかったろう。のちの記録には天皇親祭の儀（大嘗宮におけるいわゆる神祭り）に先立ち、皇太子をはじめ大臣以下諸官人が大嘗宮（悠紀殿・主基殿）の南に設けられた幄舎に着き、庭中で八開手（八度拍手を打つ）の拝を行うとあり（『延喜式』践祚大嘗祭条）、称徳の時、貴族官人に交って僧侶たちが参列供奉したというのも、ここにいう庭中での拝礼のことであったろう。むろん大嘗宮の中にまで引き入れ秘儀（天皇親祭）に参列させたとは思えない。

タブーを破った称徳

ただし道鏡の場合はどうか。『貞観儀式』（九世紀末以降成立）に悠紀殿（主基殿も同じ構造。親祭はこの両殿で同じ行動が繰り返される）の前二間（祭儀は奥三間の内陣で行われる）に「関白の座」が設けられていることから遡って、当時太政大臣禅師で別格の立場にあった道鏡が、大嘗宮の深奥の秘儀に近侍した可能性はきわめて高いとされたのは高取正男氏である（『神道の成立』）。氏は、太政大臣禅師と令に規定する太政大臣とを同一視された上、これが関白にも通ずる立場であるとして右のように考えられるわけだが、大嘗宮に入ったというのは正直いって推測以上のものではない。ただし氏の理解に添って考える時注目されるのが、二ヵ月前の紀伊行幸ではなかろうか。

この行幸についてはのちにもう一度取り上げるが、天平神護元年十月、称徳が道鏡を伴い、ほぼ一ヵ月をかけて紀伊・和泉・河内へ出かけたことをいう。仲麻呂につづき和気王をも除いたという安堵感もあったと思われるが、行幸の意図は道鏡の故郷河内弓削で、かれを太政大臣禅師に任ずることにあった。してみればこの任命は道鏡に、僧侶たちを率いて祭儀に臨める立場を考慮したものであり、その点で大嘗祭に向けての措置であったと判断されるからである。しかしあくまでも太政大臣禅師をのちの関白と同一視した上での理屈づけであって、断定はできない。

それにしても、朝廷の伝統的神事である大嘗祭に僧侶が参列した上、拝礼作法として古来行われてきた拍手（八開手）を打ったのは、これまでのタブーを公然と破ったものであり、貴族官人たちを驚かせるに足る〝事件〟であったろう。称徳の先の勅は、そのことに対する弁明であった。出家の身で重祚した称徳の行動は、明らかに神仏習合の考え方に基づいており、その限りで神事＝俗人と仏事＝僧侶の共存に称徳自身はほとんど違和感はなかったと考える。正式な即位式をしていない称徳にとって、この大嘗祭こそそうした称徳の考え方を実現する上で絶好の場であったのではなかろうか。

神仏習合政治の完成

朕が仏の師　称徳は重祚以来さまざまな問題をかかえ、その解決に苦慮しているが、みずから抱え込んだこととはいえ、一番の課題は道鏡の扱いであった。ここでは道鏡の処遇を段階を追ってたどり、称徳の意図が奈辺にあったかを考えてみたい。

道鏡の処遇の過程でまず注目されるのは、少僧都から大臣禅師への任命である。仲麻呂を倒して二日後、天平宝字八年（七六四）九月二十日のことである。『続日本紀』によれば、この日称徳は詔を下して、自分は出家の身ではあるが天皇として国家の政治をとらないわけにはいかないといい、そこで「帝の出家していいます世には、出家して在る大臣も在るべしと念ひて、（道鏡が）楽ひます位にはあらねども、この道鏡禅師を大臣禅師と位は授けまつる」と述べている。自分は出家の身であるが即位した以上は世俗の長である、その出家天皇の補佐には出家大臣がふさわしいのだというのは、いかにも身勝手な解釈であるが、それが長い間育ててきた神仏習合の考えに基づく政治形態であったことは確かである。道鏡は辞退したが、むろん形ばかりで、二十八日、称徳はふたたび勅を下し、「今この位を施こすことは、豈に禅師を煩すに俗務を以てせむや」――大臣禅師を授けたからといって俗務で煩わせるようなことは決してない、と述べ、改めてその位を与えている。

ここで強調されているのは、一つは、道鏡は出家者である称徳を僧侶としての立場から補佐するものであること、二つは、道鏡に与える大臣禅師の「位」は世俗的な職務を伴うものでないこと、である。とくに後者は道鏡を説得する形で述べられているが、それはそのまま貴族たちへの弁明でもあったことを見逃してはならない。この時「職分封戸は大臣に準じて施行」されたことから、行政職の大臣の権限を与えられたとみなし、道鏡は出家大臣として太政官のポストについたというのが通説であるが、それは待遇上のことであって、俗官と同一視することは正しくない。むしろ俗官にはしないというのが、貴族たちに取りつけた了解事項であった。そしてわたくしは、このような政治形態を神仏習合政治と名づけておきたい。

道鏡に対する称徳の扱いは、一年後、太政大臣禅師の賜与において、より明確に示される。

天平神護元年閏十月二日、道鏡以下百官を伴っての紀伊行幸の帰り、河内弓削宮でのことであったが、その時の詔は重要な内容を含むので、全文を掲げ、その大意を付してみる。

> 今勅りたまはく、太政官の大臣は、奉仕るべき人の侍り坐す時には、必ず其の官を授け賜ふ物に在り。是を以て朕が師大臣禅師の朕を守りたび助け賜ぶを見れば、内外二種の人等に置きて其の理に慈哀みて過なくも奉仕らしめてしかと念ほしめしてかたらひのりたぶ言を聞くに、是の太政大臣の官を授けまつるには敢へたびなむかとなも念す。故、是を以て、太政大臣禅師の位を授けまつると勅りたまふ御命を、諸聞しめさへと宣る。また勅りたまはく、是の位を授けまつらむと申さ

ば必ず敢（あ）へじいなと宣りたばむと念してなも、申さずして是の太政大臣禅師の御位を授けまつると勅りたまふ。

太政大臣は、それにふさわしい人のいる時には、必ず任ずることになっている。ここにわが師（道鏡）が、私を守り、助けて下さる有様をみると、「内外二種の人ども」――出家者と在家者の人たちにも慈悲をかけられ、過ちなく朝廷にお仕え申させたいと思うが、この太政大臣の官を授けたいといえば辞退されるであろうから、太政大臣禅師の位を授けたいと思う。ただし道鏡禅師が知ればことわられるだろうから、禅師には言わないで授けるのである。

すなわち称徳は、道鏡を「太政大臣の官」に任ずることは避け、「太政大臣禅師の位」を授けることを表明している。太政大臣は天皇の師範として、適任者がいる時にだけ任ずる則闕（そっけつ）の官であるが、かつて称徳が仲麻呂を大師（太政大臣の唐名）に任じた際の口勅では「大師の官」（『続日本紀』）と述べており、称徳が「官」と「位」を明確に使いわけていることを知る。したがって「太政大臣禅師の位」は世俗的な権限を伴うものでないことを意味し、道鏡に授けるのは、その意味での「位」であることを強調したものである。これによって道鏡の立場は、称徳の師範であることが、より明確に位置づけられている。

繰り返して述べるが、道鏡は時の大臣らを越えて政界のトップに据えられたというのではない。道鏡の立場は、大臣禅師の賜与以来、称徳が一貫して強調してきたように、世俗的な職務や権限を伴うものではなかった。だからこそ貴族たちもあえて反対することはなかったのである。

称徳の意図は、次のような太政官人事からもうかがわれる。仲麻呂の謀反（むほん）が発覚した九月十一日、ただちに藤原永手や吉備真備らを昇叙する一方、大宰員外帥として左遷されていた藤原豊成も右大臣に還任させ、体制の強化を図っている。道鏡の大臣禅師賜与はその九日後のことであって、その逆ではない。また太政大臣禅師賜与から三ヵ月後の正月には豊成の病没の後任として永手を右大臣に昇格、真備も中納言に登用されたあと藤原真楯の没後をうけて大納言に昇進し、大納言白壁王（正月就任）とともに廟堂の中枢を占めている。道鏡だけでなく、永手や真備ら称徳朝を支えるべき人材を登用し、本来の太政官制の充実整備を図っていることを見落してはならない。従来はこのことがまったく無視され、道鏡の抜擢のことばかりが強調された。それが称徳＝道鏡に対する「偏見」の原因であった、というより偏見が先にあったために、そうした事実を見る目も曇らせたのである。

道鏡が太政大臣禅師に就いたからといって、従来の太政官体制や政務運営が変ったわけではない。まして道鏡によって仏教界の組織や人事が一変したわけでもないことを、ここで再度確認しておきたいと思う。

太政大臣禅師から法王へ

だが、道鏡に対する処遇はしだいにエスカレートし、ついに法王に至る。弓削寺（宮）への行幸から一年後の天平神護二年（七六六）九月、隅寺に仏舎利が出現し、これを法華寺に収納するに際し（十月二十日）、称徳は、「諸の大法師等をひきいて、上といます太政大臣禅師の理の如く勧め行はしめ、教へ導き賜ふによりてし、かく奇しき尊き験は顕し賜へり」といい、こうした「験」の出現もすべて師道鏡の導くところであるとして、「この嬉しき事を、朕独りのみや喜ばむと念ほしてなも、太政大臣朕が大師に法王の位授けまつらん」との詔を下している。また太政大臣禅師（道鏡）は「此の世間の位をば楽ひ求めたぶ事はかつて無」いが、私が禅師を敬う気持ちを表わすために「此の位冠を授けまつらく」と述べているのは、これまでの方針と変らない。同日、補佐役として大僧都円興が法臣、基真が法参議につけられたが、これは法王としての体裁を整えたもので、数日後、それぞれの待遇が定められている。道鏡に対しては「法王の月料は供御に准ぜよ」といい、毎月支給される米・塩などの食料は天皇に準ずるものとされている（法臣は大納言、法参議は参議の月料に準じる）。じじつ神護景雲三年正月三日、法王道鏡は西宮の前殿において大臣以下の賀拝をうけ、みずから寿詞を告げている（天皇の場合なら宣命となる）。法令では親王以下が正月の賀拝をうけるのは禁止されていたが道鏡には認められたわけで、さながら〝天皇〟のごとく扱われていたことが知られよう。のちに道鏡が没した時、「崇むるに法王を以てし、載するに鸞輿を以てす。衣服・飲食もつぱら供御に擬ふ」（『続日本紀』宝亀三年四月六日条）との人物評は、潤色があるにしても、ほぼ事実に近かったとみてよいであろう。そのことを否定はできない。

たしかに法王は法界の〝主〟であり、〝王〟であって、ある意味では俗界の称徳と並ぶ立場にあった。法王は大臣禅師や太政大臣禅師とは一線を画す、突出した立場であったといってよい。そうしたことから道鏡は、ここにおいて宗・俗両界の統治者となり、道鏡政権なるものを成立させたというのが通説である。

しかしそうした理解をわたくしは採らない。待遇や扱いの上ではともかく、道鏡が実務に関してどの程度の権限を有したか、疑わしいからである。

法王について五ヵ月後に設置された法王宮職は、皇后に付された皇后宮職や皇太后のそれとほぼ同じ組織・規模である。したがって法王道鏡の雑務一般を処理する家政機関ではあっても、それを拠りどころとして太政官にかわり国政の実権を掌握したわけではない。その点ではかつて仲麻呂が拠点にした紫微中台とはまったく異なるものである。しかも法王宮職の印は設置から二年半たってはじめて使用されたというから（神護景雲三年七月十日条）、どこまで実質的に機能していたか疑問であり、過大視は避けねばならない。

道鏡が行使した権限についても明証はない。先にみた「道鏡伝」に、「政の巨細に決を取らざるといふこと莫し。その弟浄人、布衣より、八年の中に従二位大納言に至れり。一門に五位の者、男女十人あり」とみえ、じじつ弓削一族の昇任人事も目立つが、この種の事例は他にいくらもあることで、あえて異とするに足りない。そうしたミウチの抜擢は政治的容喙の事実を示すものではあっても、それをもって道鏡政権の確立とみなせるようなことではない。

失脚後のことであるが、『続日本紀』宝亀二年正月四日条に、「天平神護元年より以来、僧尼の度縁、一切に道鏡が印を用ゐて印す。是に至りて、また治部省の印を用ゐる」とみえる。得度者に与える公文書に道鏡印が用いられていたのを、この時（失脚後）、僧尼を管轄する治部省印に戻したというもので、道鏡の関与が知られるが、しかしその権限は、僧侶の人事や寺院の管理の全体に及ぼされるほどのものではない。ちなみに右にいう天平神護元年当時は、道鏡は大臣禅師（その年閏十月に太政大臣禅師になる）であり、したがって「道鏡の印」はそれ以来法王について後も引き続き用いられていたことが知られる。この事実も「道鏡の印」のもつ「権限」が法王になっても大臣禅師・太政大臣禅師時代と大差のないものであったことを思わせよう。

称徳が法王道鏡に求めたのは、法界の主として女帝を補佐する立場であり、女帝と法王とによる、いわば〝共治〟であったと考える。ただ法王という立場にたてば世俗的な効果をもつようになることも確かであり、立場上、政治に容喙することがなかったとはいえない。称徳が寺田を寄進するなど仏教保護政策を進めたことはむろん、先にみた一族の昇任人事などはその事例である。

〝天平〟からの解放

称徳が道鏡に求めたのは出家者としてのみずからの分身であり、それが法王すなわち法界の主としての道鏡の立場であった。女帝自身と法王とによる、いわば〝共治〟体制が称徳の理想であり、法王は法界のシンボルであっても、実務的な職務や権限が付与されていたわけではない。俗界の天皇称徳を、法界のシンボルという立場から権威づけ後見していくという意味での〝共治〟であって、決して実務を女帝と道鏡とで分担していくというのではない。そして、こうした〝共治〟こそが、重祚以来称徳みずからが体現する二面性―出家の身でありながら即位し俗界の長になった―いうなら「神仏習合政治」の総仕上げであった。

そして何よりも大事なことは、道鏡との〝共治〟体制が、貴族たちの理解と協力のもとに実現され、維持されていたということである。道鏡が法王とされた当日、藤原永手が左大臣、吉備真備が右大臣に抜擢されている。この二人は九ヵ月前にそれぞれ右大臣、中納言に任命されたばかりで、明らかに法王道鏡に対応しての人事である。このことは両人を太政官の上席に配置することで、称徳＝道鏡体制を実務面で支えるものとして位置づけていることを物語る。これもまた以前からの称徳の一貫した措置であった。

道鏡が法王になってから四ヵ月後、天平神護三年（七六七）の二月から三月にかけて、称徳女帝は東大寺（二月十四日）・山階寺（同二十八日）・西大寺法院（三月三日）・大安寺（同九日）・薬師寺（同十四日）などをつぎつぎに巡訪し礼仏しているのも留意される。しかも六月から七月にかけての景雲の祥瑞出現にちなみ、二ヵ月後の八月、聖武天皇の時以来用いてきた〝天平〟を捨て、神護景雲と改元したのは、女帝と法王による〝共治〟体制の新たなスタートを期したものといってよいであろう。淳仁の時、改元を認めなかったことを考えるなら、この改元には大きな意味がこめられていたといってよい。そしてここに至って、称徳は両親の呪縛から解放されたのである。

ところで称徳の行動をあとづける時に留意されるのは、つねに即断即決をさけ、段階的に事態に対処していることである（瀧浪「孝謙女帝の皇統意識」）。道鏡を法王につけるまでの過程をみても短期間に一挙に実現したのではない。この辺りの事実整理も、従来の称徳＝道鏡論には欠如していた部分である。

しかし称徳は、道鏡を法王にはしても皇位につける考えはまったくなかった、というのがわたくしの理解である。法王道鏡との〝共治〟が、称徳の抱いた最終的な政治構想であった。永手や真備らが個人的に称徳をどのようにみていたかは明らかでないが、称徳体制を支えたのはかれらであり、消極的ながらでも官人たちに承認されていたことは間違いない。

そして「こと」がなければ、この体制で推移するはずであった――わたくしは以前にもこれとまったく同じ表現を用いたことがあるが、まさしくその通りだったのである。

宇佐神託事件の真相

西暦	年号	(年齢)	
718	養老2	(1)	誕生
738	天平10	(21)	立太子
749	天平勝宝1	(32)	即位
764	天平宝字8	(47)	重祚
769	神護景雲3	(52)	宇佐神託事件，和気清麻呂・広虫配流．由義宮行幸，由義宮を西京とす．
770	宝亀1	(53)	**没** 由義宮で歌垣，称徳天皇発病．百万塔完成．藤原永手・吉備真備に軍事権を委譲．遺宣により白壁王立太子，道鏡左遷，和気清麻呂姉弟召還
772	宝亀3		道鏡没

託宣の虚実

道鏡を皇位に

神護景雲三年（七六九）、道鏡を皇位につけよとの神託事件が起った。道鏡が法王となって三年目の出来事である。あとの議論のためにも、『続日本紀』（九月二十五日条）と『日本後紀』（延暦十八年二月二十一日、和気清麻呂薨伝）の記事に基づき事件の経緯を整理しておきたい。

発端は、大宰府の主神習宜阿曾麻呂（かんづかさすげのあそまろ）が宇佐八幡の神託と称して、「道鏡を皇位に即かしめば天下太平ならむ」と奏上したことにある。これを聞いた道鏡は大層喜んだ。一方天皇は和気清麻呂（わけのきよまろ）を召し、私の夢に八幡大神が現われ、奏上したいことがあるので法均（ほうきん）をよこしてほしいとのこと、しかし女性の身で八幡宮（九州）までの遠路は大変なので、弟のお前が代わりに神教を聞いてまいれ、と命じた。

出発にあたって道鏡は清麻呂に、これは神が私の即位を告げるためである。うまくいけば、お前を大臣にしてやろうといった。しかしこれ以前、道鏡の師、路真人豊永（みちのまひととよなが）は清麻呂に向かい、道鏡が皇位につくようなことがあれば何としてでも抗議するといい、清麻呂はそのことばに同意している。

さて清麻呂が宇佐で聞いた神託は、「わが国が始まって以来、君臣の区別は定まっている。臣下が天皇になったことはいまだかつてない。皇嗣には必ず皇族を立てよ、無道の人は早やかに排除せよ」というものであった。この神託を聞いた天皇は、それを清麻呂らの作り話しと断じて怒ったが、殺すには忍びず、清麻呂を因幡員外介とし、さらに別部穢麻呂と改名して大隅国へ配流、法均も還俗させ名を別部狭虫と変えて備後国へ流した。道鏡は清麻呂を途中で殺そうとしたが失敗した。のちに参議右大弁藤原百川は清麻呂の「忠烈」を憐み、備後国の封郷二〇戸を配所に送ったという。

以上が、宇佐八幡宮託宣事件の顚末であるが（『続日本紀』道鏡伝、『類聚国史』天長元年九月二十七日条にも若干記載あり）、この事件については、従来、以下のような見方があった。

(1)　道鏡自身がひそかに皇位への野心を抱いたとする道鏡の皇位覬覦説
(2)　道鏡擁立は称徳の推進したもので、道鏡はそれに従ったにすぎないとみる説
(3)　称徳と道鏡が一体となって道鏡即位を企てたとみる説

これらとは別に、

(4)　藤原氏が道鏡を失脚させるため清麻呂らを使って企てたものとする説

もある。

なお最近、神託事件そのものを否定する説も出されている。桓武天皇の命をうけた『続日本紀』の編者が、桓武朝を正当化する必要から事件をデッチ上げたもので、神託事件はなかったとするものであるが（中西康裕「『続日本紀』と道鏡事件」『日本史研究』三六九）、神託事件（事の真相はともかく）がまったくの作り話とはとても思えない。

真相はなにか、それを確定するには、この一件の経緯を先入観にとらわれずに検討し判断する以外にはないであろう。

宇佐と平城の間

まず知りたいのは、習宜阿曾麻呂によっていつ八幡神託が称徳に奏上されたのか、その時期であるが、これは清麻呂が宇佐へ出発し、都へ戻った時期とともに明確ではない。

阿曾麻呂からの託宣奏上の時期に関わりがあるとみられるのが、清麻呂に対する一連の処遇である。『続日本紀』によれば、

(1)　この年五月二十八日、当時「吉備藤野和気真人」の姓を称していた清麻呂に、「輔治能真人」が与えられている。藤野をもじったもので、政治を輔ける能力をもった者との意であり、これには清麻呂でなくとも感激したであろう。

(2)　同じ日、一族の外従八位上吉備野宿禰子麻呂ら一二人には輔治野宿禰、また同じく一族の吉備石成別宿禰国守ら九人には石成宿禰の姓が与えられている。

(3)　翌六月二十六日、備前国藤野郡の人別部大原ら六四人に姓石生別公、藤野郡の人母止理部奈波ら六人には姓石野を与えている。いずれも和気氏の隷属民であったと考えられる人々である。

(4)　翌二十七日、同様に美作・備前両国の隷属民にも石野連を賜姓している。

(5)　二十九日、清麻呂の出身地である備前国藤野郡が和気郡に改められている。

時に従五位下の一下級貴族にすぎない清麻呂へのこのような厚遇は、度が過ぎているといわねばならない。しかもそれらが五月から六月にかけて矢継ぎばやに行われている。これは阿曾麻呂からの奏上

宇佐八幡宮（大分県宇佐市）境内には清麻呂を祀る護王神社もある

船つなぎ石（宇佐市）清麻呂が船から上陸したところと伝える

を得たのがきっかけで、清麻呂の宇佐発遣を見越しての意図的な扱い、すなわち清麻呂懐柔策であったとしか考えようがない。またこれだけのことが行えたのは称徳以外には考えられないであろう。道鏡ではない。

このように見てくると、そもそも事件の発端となった託宣の奏上は五月初旬、場合によってはそれ以前であったとみてよいのではなかろうか。

これに対して清麻呂が宇佐に出立した時期については、清麻呂が因幡員外介に貶(おと)されたのが八月十九日であるから（『続日本紀』）、称徳に託宣を報告したのは遅くとも八月上旬のことであろう。そこから逆算して、一連の経緯について見当をつけてみる。

『延喜式』（主税式）の規定では、平安京から八幡宮のある豊前国(ぶぜんのくに)までの往復日数は、大宰府を経由すると陸路の場合は四四日（大宰府まで往きは二七日、帰りは一四日。同様に大宰府から豊前国まで二日、一日）、海路で三〇日かかる。ただしこれは租税運搬に要する日数であるから、清麻呂の場合、もっと短期間であったはずだ。出発点が平城京と平安京の違いはあるが、この数字に大きな変化はなかろう。

清麻呂が陸海のいずれのコースをとったかは明らかでないが、宇佐での滞在期間なども考慮にいれると、最大限見つもっても一ヵ月あれば帰ってこられよう。そして帰京後、ただちに報告したとみて、出発は七月上旬ということになる。とすれば、阿曾麻呂からの託宣が届いてから清麻呂が使者として下向するまで、最低でも二ヵ月は経過していることになる。この間、さまざまな思惑が交錯したとみられるが、それにしても二ヵ月というのは長すぎるのではないか。その意味は、のちに明らかとなろう。

主謀者たち

次の問題は、この託宣に関わった人物である。

神託をもたらした習宜阿曾麻呂の素性は明らかでないが、事件の二年前、神護景雲元年九月に豊前介に任じられ、翌二年から三年頃に大宰主神となって豊前国から移っていたと思われる。大宰主神とは大宰府管内の祭祀を掌った、いわば大宰府の神祇官である。したがって阿曾麻呂と豊前の八幡宮との結びつきは密接なものがあったとみてよい。

それとならんで注目されるのは、道鏡の弟弓削浄人がこの時大宰帥（長官）であったことである。浄人は大納言との兼任であったから現地に下ったことはないと思うが、関わりの深い阿曾麻呂と謀って八幡宮神官にもちかけ、神託事件のお膳立てをした張本人であったことは、まず間違いない。八幡宮では大神・宇佐・辛嶋勝の三氏の神職団が競合していたから、かねてから中央指向をもつ宇佐八幡として、この話に乗る可能性は十分にあった。こうして阿曾麻呂を介して三者連合が形成され、託宣奏上が計画されたとみられる。道鏡が失脚した日に、阿曾麻呂（八月二十一日、多褹島守に左遷）と浄人（翌二十二日、息三人とともに土佐に配流）が処罰されているのも、そうした推測を可能にする。称徳に寵愛される兄道鏡の立場をより強めるために企て、そのお膳立てをした事件といってよく、したがってそのことに道鏡自身が無関係であったとは思えない。このようにみてくると、この両者なかんずく浄人が直接の首謀者であったと知られよう。

ともあれ、こうして都にもたらされた託宣が、おそらく法均を通じて称徳に奏上された。法均は称徳の出家に従って尼となり、近侍した称徳の腹心であった。法均を選んだのは道鏡であろう。清麻呂が使者に定められたのは、むろん法均の弟だったことによる。

称徳の怒り

さて、このような経緯があって清麻呂が宇佐に派遣され、その結果を持ち帰った。左がその内容と伝えられるものである（訳は前掲）。

大神託宣して曰はく、我が国家開闢以来、君臣定りぬ。臣を以て君とすることは、未だ有らず。天の日嗣は必ず皇緒を立てよ。無道の人は早に掃ひ除くべしとのたまふ。

ところがこれを聞いた称徳は大いに怒り、この託宣を虚偽と断じて法均・清麻呂姉弟を処罰している。清麻呂の伝えた託宣が、阿曾麻呂のもたらした託宣とは逆の内容―道鏡の即位を否定したものであったため、それを虚偽とみなし、期待を裏切ったとして姉弟を流罪に処したのだ、というのが、これについての一般的な理解であろう。したがってこのような理解に従えば、称徳（道鏡）が正しいとしたのはあくまでも阿曾麻呂の奏上であったことになる。

しかしそうであろうか。わたくしはこのような通説に根本的な疑問を抱いている。

というのは、通説に従えば、清麻呂の持ち帰った託宣を偽りとして退けた称徳の行為は、道鏡の即位が宇佐の神意に叶う正当なものであることを天下に表明したのに等しい。称徳は道鏡の即位を、恣意ではなく、人意を越えた次元で認められたと宣言したことになろう。だとすれば称徳は、早速にでも再度確認の使者を立ててしかるべきではないか。

ところが称徳は、重ねて使者を派遣し〝真相〟の究明に当らせることはなかった。その必要がないほど阿曾麻呂の託宣を信じていたのであろうか。それなら称徳は道鏡の即位に向けて行動を開始してしかるべきであろうに、その形跡は見られない。第一、あれほど執着していた道鏡に、その動きがまったくないのはどうしたことか。不可解という他はない。

これらのことから導き出される結論はただひとつ、清麻呂の持ち帰った託宣で称徳は道鏡を皇位につけることを断念した、ということである。むろん道鏡も同様である。称徳は清麻呂の伝えた託宣を受け入れ、これに従ったのである。その限りにおいて、皇胤でなければならないという託宣に偽りはなかったとみるべきである。

それなら称徳は、なにを根拠に清麻呂が虚偽の託宣を報告したとして激怒し、処罰したのか。道理からいって、虚偽としたのは託宣のうち道鏡の即位に関する部分（それが根幹である）ではなく、別の個所についてのものということになる。そこであらためて、清麻呂や法均の処罰について下した称徳の宣命（『続日本紀』神護景雲三年九月二十五日条）を読み直してみる。ここでは重要部分三点について大意を掲出する。

(1)　神託にかこつけて捏造（ねつぞう）した非道な妄語（もうご）をはいた。

臣下というものは君に従って助け護り、無礼な面持ちがなく、陰で君を謗（そし）らず、偽りへつらうことなく仕えるべきものである。ところが従五位下因幡員外介輔治能真人清麻呂は、姉法均と非道な妄語を作って、法均に奏上させた。その顔を見ると自分たちの作り話を八幡大神の託宣にかこつけていっているのは明らかで、問いただしてみたところ、案の定、大神の託宣でないことがわかった。だから法の通りこの両人を退ける。

(2)　悪人は進言をまたずとも天地が示すものである。

清麻呂らの奏上が偽りだと断定したのは、人がそう言ったからではなく、ただ法均が道理に合わないことを言ったからである。面持ちも無礼で、自分（法均）の言うことを聞き入れて用いよと思っている。こんなに非道なことはない。こうしたことは諸聖たち、天神地祇がお示しになり悟されることであって、いったい誰が私に奏上することができようか。人が奏上しなくても、心の悪い人は必ず天地が示し給うものである。だから人々は清い心をもって仕えてほしい。

(3)　謀り事に与同した者は許す、改心せよ。

また託宣の虚偽を知って、清麻呂らと互いに謀り事をする人間がいることがわかったが、君は天下の政治を行うものであるからこれを許そう。しかしこのような事を重ねれば法によって裁かねばならない。このような事情を知って、先に清麻呂らと同心して謀り事を企らんだ者は、心を改めて以後は仕えよ。

なおこのあと、清麻呂姉弟の名を変えて追放したこと、明基は名を奪い処罰したことを記す。明基もなんらかの形でこの事件に関わっていたものと思われるが、不詳である。

大尾神社　宇佐八幡宮背後の山腹にあり，ここで清麻呂が神託を受けたと伝える

さて言葉は多岐にわたるが、この中で称徳は、道鏡の即位を否定した部分（それが清麻呂の伝えた託宣の主要部分であるが）についてはなんら言及していないことがわかるであろう。問題にしているのはそれではなく、託宣に事寄せて（「大神の御命を借りて」）、偽りの話（「甚だ大きに悪しく姧める忌語」）をつくり、それに従うよう天皇である自分に進言したこと（「己が事を納れ用ゐよ」）にある。そのことを法均の応答ぶりから不審に思った称徳が問い正したところ、思った通り、「大神の御命」ではないことがわかった、というのである。

いったい称徳が法均に問いつめて偽りと白状させた話とはなにか。それについても宣命の中に述べられている。もし心の悪い人間（「心の中悪しく垢く濁りて在る人」）ならば、そなたたちに言われるまでもなく、必ず天地が示し給うであろうと。宣命にいう悪人が、清麻呂の託宣にみえる「無道の人」をさし、道鏡その人であることはいうまでもない。すなわち称徳は、託宣に書かれている「無道の人、道鏡を掃除せよ」という個所が、宇佐大神の託宣ではなく、神託に便乗して法均や清麻呂らが捏造したものであり、その目的が道鏡の追放にあったと見抜いたということであろう。皇位に即けてはならないという点は承服したが、神意をうかがったばかりに、かえって道鏡は無道の悪人とされただけでなく、追放すべき人物とされてしまった。これは称徳にとってまったく予期せざる話であり、事態であったといわねばならない。そのようなことを忠告される理由がないと、称徳ならずとも激怒して当然であろう。それに称徳は、かつて淳仁から道鏡のことで非難され、これが両者の対立に及んだことはなお記憶にあたらしい。しかしその時とは事情が違う。道鏡との共治を実現した称徳にとって、道鏡の人柄を非難されるだけでも堪えがたいのに、その上追放せよとは、称徳の政治そのものが全面的に否定されたも同然であった。いわんやそれを腹心の法均姉弟に言われようとは二重のショックであったに違いない。これが称徳が虚偽と怒り、法均姉弟を配流した理由である。繰り返すが、道鏡の即位に関して虚偽の報告をしたというのではない。

清麻呂の〝忠烈〟

「虚偽」の報告には怒ったが、皇位継承についての動きはみられない。となると、称徳は清麻呂の報告で断念したというより、それ以前からその覚悟ができていたのではないか、だからこそ道鏡の即位を否定されても冷静に受け止めたのではないか、と思われてくる。阿曾麻呂の託宣を耳にした時点で、ひそかに心に期するところがあったのだと考える。

これはあくまでも仮定の話であるが、もし清麻呂が阿曾麻呂の奏上と同じ内容の神託を持ち帰ったとしたら、称徳は道鏡を皇位につけただろうか。

否である。道鏡を即位させるためには、称徳みずからが譲位しなければならない。これは道鏡を法王にしたのとはわけが違う。これまで築き上げてきた道鏡との〝共治〟体制をみずからの手で否定することであった。大嘗祭を神仏習合の姿で進め、皇位継承に関するタブーを破った称徳にとって、道鏡を法王にすることにまったく抵抗はなかった。これまで縷々述べてきたように、称徳自身が神仏習合を一身に体現する存在であったから、道鏡の法王はその半身、つまり法界の師長たることをゆだねたものに他ならない。

しかし天皇は法王と同じではない。政治的次元を超える神託に従うのであれば、強行しても責任を免れることができたであろう。しかしそう思ったのはおそらく一瞬のことで、早い時点でそれが不可能であり、許せないものであるとの考えに到達している。

これに対して道鏡は皇位に異常なほどの執心を示しており、それを断念させるのが容易でないことは称徳には十分わかっていた。しかし無理をして皇位につければ、政治的混乱を引き起こし、道鏡が破滅するのは火を見るよりも明らかであった。それは道鏡を寵愛する称徳には堪えがたいところであった。道鏡を皇位につけることはできない—それが阿曾麻呂の託宣を受け取った称徳のたどりついた結論であった。

阿曾麻呂の奏上を奇貨として、称徳は道鏡の野心を抑える決意をしたとしてもおかしくはない。そしてこれを断念させるには、道鏡が皇胤でないことを理由に、即位が不可能であるとの神託を受ける以外には有り得ないだろう。こうして道鏡の即位を抑えるために、称徳にとっても超越的論拠としての神託が必要となった。清麻呂を宇佐に派遣した理由である。

ここで想起されるのが、『続日本紀』に、称徳が清麻呂を使者として宇佐へ発遣するにあたり、「牀下」すなわち玉座のもとにまで呼び寄せて意を伝えたと記されていることである。たかだか従五位下の下級貴族にすぎない清麻呂を、そば近くまで召したのは余程のことがあってのものである。称徳が清麻呂に打ち明け、期待したものは、道鏡を皇位につけるためにふさわしい神託ではなく、むしろ即位を否定する託宣であったと考える。阿曾麻呂の託宣を否定する神託を持ち帰るように。

称徳は出立する清麻呂に因果を含めてそう命じたものと思う。道鏡が清麻呂の懐柔に狂奔している時、称徳はそれの阻止に苦慮し、同じ清麻呂に協力を求めていたのである。

こうして称徳は宇佐へ旅立つ清麻呂を見送ったのだった。

ところが法均の口を通して聞いた、清麻呂が持ち帰った託宣には、称徳が期待したもの以外の内容が含まれていた。「無道の人は早やかに掃ひ除くべし」という文言である。そこで称徳は激怒したが、しかしその理由は即位を阻止された道鏡の怒りとはまったく別のものであった。

『続日本紀』には、怒った道鏡が清麻呂の本官を解き因幡員外介とした（決定したのは称徳とみるべき）が、任所に赴く前に称徳の詔があり、除名して大隅国に流したとある。道鏡の気持を察した称徳が、因幡員外介ではなお不十分として、大隅に流し罪を重くしたということであろう。じじつ『日本後紀』（清麻呂薨伝）は、「天皇（称徳）、（清麻呂を）誅するに忍びず、因幡員外介となし、姓名を改めて別部穢麻呂とし、（ついで）大隅国に流す」と記し、二度にわたる処罰はともに称徳が行ったとしている。これは託宣によって野心は断念したものの、怒り狂う道鏡を見てそれを緩和吸収するためにとった称徳の配慮ではなかったろうか。げんに「清麻呂薨伝」によれば、配所に向う清麻呂を道鏡が待ち伏せして殺そうとしたが、突然雷雨がおそい助かったという。この「奇蹟」譚には多少潤色が加わっていると思われるが、道鏡の激怒ぶりが想像されよう。

清麻呂らへの処分は、いってみれば因果を含めての厳罰であった。この件の処罰が一族に及んでいないこと、そして何よりも前述したような破格の厚遇については（本人たちを改姓したこと以外）なんら改めていないこともそれを暗示する。

この点に関連して言及しておきたいのは、藤原百川がその「忠烈」を憐んで、配所にいる清麻呂に備後国の封郷二〇戸の貢物を送っていることである。そこから清麻呂が藤原氏の走狗になった証拠とする理解もあるが、わたくしは百川の振舞いが称徳の意を承けたものであったと考えたい。百川の母は称徳の側近でもあったから（瀧浪「藤原永手と藤原百川」）、その辺りの雰囲気は察していたのかも知れない。

和気清麻呂像　和気神社（岡山県和気町）
朝倉文夫作

そしてこれも清麻呂の処罰が多分に道鏡を意識してのものであったことを示している。端的にいえば表向きは厳罰に処しながら、裏ではひそかに援助の手をさしのべていたのである。

清麻呂の託宣事件で留意されるのは、「無道の人は早やかに掃ひ除くべし」というのが清麻呂だけの考え方でなかったことを、称徳はすぐに見抜いている事実である。先の称徳の宣命の中に、「此の事を知りて清麻呂等と相謀りけむ人在りとは知らしめして在れども」と述べている。「清麻呂等と同心して一つ二つの事も相謀りけむ人等」についても、それが誰々であるかまで知っていた口ぶりである。しかし称徳はかれらをあえて許すことにした。かれらの意見はおそらく宮廷貴族のものであり、かれらを処分することは事態を紛糾させるだけでなくみずからの基盤を揺るがしかねないことを十分承知していたからである。清麻呂の支援者に対して忠告だけですませた理由である。これも称徳＝道鏡体制が貴族たちに支えられていたことを物語っている。

のちに清麻呂は桓武天皇に抜擢され、桓武の二度の造都事業にも事実上の推進者として活躍する（瀧浪「山背遷都と和気清麻呂」）。桓武は母親が卑姓の出自であったことから皇位につく望みはまったくなかったが、その立太子を実現したのは百川である。これを多として即位後の桓武が百川の子緒嗣（おつぐ）を抜擢したことはよく知られるところである。そのようにみてくると、桓武朝における清麻呂の栄進も百川（ただし桓武の即位前に没）を介してのものであったとみて間違いないであろう。

なお桓武朝に先立つ光仁朝では清麻呂の活躍がみられないことから、道鏡追放の立て役者でありながら不遇であったとみるのが通説であるが、わたくしはそうは思わない。道鏡事件はあくまでも称徳天皇との関係であり、光仁天皇と直接かかわるものではない。称徳没後すぐに召還され、姓氏を復された上、豊前守に任じられており、決して不遇だったとはいえない。

「恕」の帯

こうして称徳は難局を切り抜けた。事件後の称徳は、むしろ安堵感さえ抱いているように思われる。それを示すのが、事件解決から六日たった十月一日、群臣を集めて下した長文の宣命であろう。

前半は、称徳の皇太子時代に語られたという元正上皇および聖武天皇の詔の引用である。とくに元正のそれは遺詔として述べられたもので、聖武から孝謙（称徳）への皇位継承の正当性がうたわれ、もし道理にそむくような者がいれば、「朕必ず天翔（かけ）り給ひて見（み）行（そ）なはし、退け給ひ捨て給ひきらひ給ふ」（天空を飛翔して様子を見、道理にそむく者をば退ける）とある。皇統における阿倍（称徳）を死守するという元正の姿勢には悲愴感さえ感じられる。また聖武のそれも以前取上げたところであるが、孝謙を唯一の継承者と認め、皇位の与奪権を与えたものである。興味深いのは、その中で天皇としての政治的心構えとして、「上は三宝の御法を隆えしめ、出家せし道人を治めまつり、次は諸の天神地祇の祭祀を絶たず云々」として、まず第一に仏法を興隆させ、僧侶の優遇をはかり、次には諸の天神地祇の祀りを絶やさないよう言い聞かせていることである。これまでみてきた称徳の政治姿勢は、まさしくこの父聖武の教えをうけついだものであった。

称徳はこの宣命で、「自分はこのような元正上皇と聖武天皇の大命を受け賜わってきたが、それを人々に言う機会がなかったので、いま聞かせておこうと思う」といい、それによって自己の正統性を改めて強調するとともに、みずからもその自覚をもって行動してきたし、これからもそのつもりであることを述べている。

称徳はこう述べたあと、「それ君の位は願ひ求むるを以て得る事は甚だ難しと云ふ」ことは皆承知しているが、皇位を願う者がいる。しかし天地の選んだ人でなければ結局は身を滅ぼしてしまうものだといい、皇位を得ようとする心を戒めている。この日の長文の宣命が、神託事件のあと仕末をみずからの手で行うためのものであったことは明らかである。この宣命を橘奈良麻呂や和気王の事件の時に述べられたものとする意見もあるが（横田健一『道鏡』）、当らないばかりか、それでは称徳の心もわからないだろう。

この宣命の中でわたくしが心惹かれるのは、称徳が先人の言として「体は灰と共に地に埋りぬれど、名は烟（けむり）と共に天に昇る」といい、「過（とが）を知りては必ず改めよ、能（よ）きを得ては忘るな」と述べている個所である。そこには多分に自戒の意が込められているとみられよう。そして後の世では、「ついには仏と成れ」とも述べている。留意されるのは、最後に次のような詔を述べて帯を下賜していることである。

　此の賜ふ帯をたまはりて、汝等の心をととのへ直し、朕（わ）が教へ事に違はずして束ね治めむ表（しるし）となも此の帯を賜はくと詔（の）りたまふ。

　この帯で汝らの心をととのえ直し、私の教えにそむかないでたばね収めるしるしとして、この帯を与えるのだ。

帯は衣服をまとめ結ぶものであり、その帯を結束の誓いとして下賜したものであった。ここには父聖武に劣らぬ女帝称徳の真面目がある。神託事件を切り抜けて天皇のあるべき姿に立ち戻った自負心がうかがわれよう。帯は五位以上の者（才技または貢献をもって五位を得た者は除外）と藤原氏全員に下賜された。それは紫綾で作られた長さ八尺のもので、両端に金泥（こんでい）で「恕」の字が書かれていたという。それにしても「恕」――ユルス・思イヤル・アワレム――とは何か。「恕」の文字にこめた称徳の思いは何であったのか。お前たちの気持ちは十分わかっている。私はそれをユルス。だからお前たちも私をユルセ、ということではなかったか。少なくとも称徳自身、神託事件の処理にやましさはなかったろう。しかし為政者としての反省は多々あったはずだ。

帯は、称徳と貴族官人たちとの絆（きずな）の証（あかし）とされ、これにより藤原氏をはじめとする貴族たちの反発や批判も吸収緩和されたのではなかろうか。

　この宣命で神託事件はすべてが落着した。

称徳はあらたな気持ちでふたたび法王道鏡との〝共治〟に戻っている。

西京賛歌

道鏡の〝夢〟を破ったのは、他ならぬ称徳であった。称徳のもつ皇統意識が道鏡への愛情を超えるほどに強かったということであるが、しかしそれは道鏡を寵愛するが故の、苦悩の選択でもあったというのがわたくしの考えである。そのことは道鏡も理解していた。

宇佐神託事件以後、称徳の心はひたすら由義宮に向いている。それは道鏡の心を癒したいと願う女帝の一途な気持ちからであったとみる。

道鏡との日々

「恕」の字を記した帯を配って二週間後の十月十五日、道鏡とともに平城宮を出発した称徳は、富雄川の東岸、飽波宮（現奈良県生駒郡）を経て十七日、由義宮に着いている。称徳がはじめて道鏡の故郷、この弓削の地を訪れたのは紀伊・河内行幸の折であった。弓削行宮に入った称徳は弓削寺に礼仏したあと、道鏡に太政大臣禅師の位を授けている。それを祝って弓削寺では唐・高麗楽や河内国の風俗歌舞が奏せられたが、その音は東の信貴の山々に響きわたったことであろう。それが四年前のことであった。今回入った由義宮は、その折の弓削行宮を整備し、文字を改めたものである。

由義宮旧址（大阪府八尾市）
ここが称徳・道鏡の永訣の場となった．付近に弓削神社がある

二十一日、称徳は西北方にあった竜華寺（りゅうげじ）に市場を仮設して、河内の市人に店を開かせ、随行した五位以上の者たちに好きなものを売買させている。人びとの喜ぶ様子を見て楽しむのが王者の振舞いだった。その間、従四位下藤原雄田麻呂（おだまろ）こと百川（ももかわ）が河内守に任じられている。この行幸の行事一切を取り仕切ったのが百川であったのだろう。ここでも百川が登場することに注目しておきたい。そして三十日、称徳は由義宮を「西京（にしのきょう）」と呼ぶこととし、河内国を河内職（かわちしき）と改めている。由義宮を西京と称したのは、平城京の西に位置したことによるが、かつて仲麻呂が近江に営んだ保良宮を北京と称したのを意識しており、それと同等の位置づけをしたものと考える。その意識は、河内国を河内職に改めたことにも表われている。

ここは道鏡の故郷というだけでなく、亡母光明子が少女期を過ごした安宿郡（あすかべ）に近いことも、称徳に親近感を抱かせた理由であろう。称徳は十一月九日、平城宮に戻っている。二〇日余りの行幸であった。

西京はこれを機に改めて整備・拡張工事が図られたようである。翌宝亀元年（七七〇）正月、宅地が由義宮域に入る大県・若江・高安郡の百姓からそれを買い上げ、四月には河内亮従五位上紀広庭と摂津亮外従五位下内蔵若人の二人を造由義大宮司次官に任じている。離宮としての結構をととのえたのである。ただし西京の規模や構造などは一切不詳である。

この年二月二十七日、称徳は三たび道鏡と由義宮に出かけている。三月三日、博多川にのぞんで遊宴が催され、百官文人・大学生らが曲水の詩をたてまつっている。十日には臨時に会賀市司が任命された。ここは古くから交通の要衝として市が開かれたところであり、この時もそこに店を設けて人びとに交易の楽しみを味わせたのである。二十八日には河内を中心に蟠居していた渡来氏族、葛井・船・津・文・武生・蔵の六氏の男女二三〇人が歌垣を催している。歌垣の名にふさわしく男女が互いに歌いかけながら、踊ったものであろうか、この時の装いは青摺の衣に紅い長紐を垂れていたというから、その鮮かさが目に浮かぶようだ。男女が二列に並び、おもむろに進みながら歌う。

少女らに　男立ち添ひ　踏み平らす　西の都は　万世の宮

それに応えて歌う。

淵も瀬も　清く爽けし　博多川　千歳を待ちて　澄める川かも

由義宮の永遠の栄えを歌う西京賛歌である。

かれらは歌の曲折ごとに袂をあげ、節とした。そこに詔が出され、五位以上の貴族や内舎人、女孺などもこの歌垣に加わっている。歌垣とはいうものの、ここでは芸能化がすすみ、古い姿が失われてい

孝謙・称徳の行幸一覧

孝謙天皇時代

年	月日	行幸先
天平勝宝元年（749）	10. 9	河内知識寺（～10.15　大郡宮に還御）
2年（750）	2.16	春日の酒殿
3年（751）	1.14	東大寺
6年（754）	1. 5	東大寺
8年（756）	2.24	難波・河内（～4.17還御）

孝謙上皇時代

年	月日	行幸先
天平宝字4年（760）	1. 5	藤原仲麻呂邸
5年（761）	8. 2	薬師寺
	10.13	保良宮（～6年5.23　法華寺に還御）

称徳天皇時代

年	月日	行幸先
天平神護元年（765）	10.13	紀伊国・和泉国・河内国（閏10.8以前に還御）
2年（766）	1.17	右大臣（藤原永手邸）
	12.12	西大寺
神護景雲元年（767）	2. 4	東大寺
	2. 8	山階寺
	3. 2	元興寺
	3. 3	西大寺法院
	3. 9	大安寺
	3.14	薬師寺
	4.26	飽浪宮（～28）
	9. 2	西大寺嶋院
2年（768）	10.20	長谷寺（～22）
3年（769）	2. 3	左大臣（永手）邸
	2.24	右大臣（吉備真備）邸
	4.23	西大寺
	10.15	飽浪宮・由義宮（～11.9）
宝亀元年（770）	2.27	由義宮（～4.6）

たことも知られよう。終って河内大夫従四位下藤原雄田麻呂が和儛を奏し、六氏の者たちに商布や綿を賜わっている。まさしく河内の渡来人と都の貴族官人たちとの交歓のひとときであった。

歌垣といえば聖武朝の天平六年二月、天皇が朱雀門に出御して朱雀大路で催されたことがある。この時は都の男女らにも自由に見物させたというが、一七歳であった阿倍内親王も父とともにその様子を楽しんだことであろう。西京での歌垣には、その時受けた印象が重ねられていたに違いない。

称徳は翌四月六日、平城宮に戻っている。今回の行幸はじつに四〇日に及び、かつて両親とともに出かけた難波行幸につぐ長期滞在であった。

ここで称徳の遠出（行幸）について、一覧表にしてみた。一見して明らかなように、重祚以後圧倒的にふえている。このうち道鏡が法王になった翌年、天平神護三年二月から三月にかけての寺院の巡訪は、前述したように、寺院僧侶に対する示威であったと思われる。それにしても、これほど礼仏行幸の多い天皇は他に見当らない。出家天皇であったことのあらわれであり、とくに西大寺が多いのは自身の発願によるものだからである。しかもこれらの行幸にはほとんど道鏡が同道しており、称徳にとっての行幸の意味がうかがわれる。

しかし、由義宮でのながの滞在が道鏡ともった最後の思い出となった。やがて称徳自身が病の床に伏すからである。

百万塔の造立　由義宮から帰って二〇日後の四月二十六日、かねてから造らせていた木製の三重小塔百万基ができあがり、この日東大寺・興福寺など十大寺に一〇万基ずつ奉納分置されている。

　この塔は天平宝字八年（七六四）、仲麻呂の乱の平定後に称徳が発願して造らせたもので、足掛け七年の歳月を要している。『続日本紀』によれば高さ各四寸五分（約二一センチ）、基の径三寸五分（約一〇センチ）とあるが、こんにち残っている現物からもわかるように、手のひらにのるミニサイズの塔であった。また塔身には舎利（しゃり）のかわりに陀羅尼経（だらにきょう）一巻ずつを納めるとあるが、陀羅尼経はその呪法によって罪の消除を願うものであるから、仏塔の功徳と陀羅尼経によって和平を祈願したものであろう。じじつこの仏塔を納めた東大寺の東西小塔院には、「口伝に云ふ、恵美の乱、之を誅するの間、懺悔料と云々」とあった（『東大寺要録』巻四）。従兄である仲麻呂の敵対と死は称徳にも大きな衝撃を与え、百万塔を造り仲麻呂およびその一族の鎮魂を願ったものと思われる。

　現在法隆寺にその百万塔の一部（塔身部四万五七五五基）が残っている。この塔には人名が墨書されており、わかっているだけでも二五〇人に及ぶが、いずれも製作に従事した工人とみられている。

西大寺と西隆寺

　称徳は仲麻呂の死を機に、秋篠川の西方に西大寺も造立している。『続日本紀』によれば、当初、乱の平定を願って四天王像が造られ、その折に発願したという。西

百万塔

大寺の名が示すように、それは両親ゆかりの東大寺にならうもので、位置も東大寺（平城京の東）に対して平城京の西（右京一条三坊から四坊にかけての地）に造立された。造西大寺長官にはかつて造東大寺長官として活躍した佐伯今毛人が起用されている。称徳の生前には完成しなかったが、『西大寺資財流記帳』によると宝亀十一年（七八〇）当時、境内には薬師金堂（長さ一五丈九尺・広さ五丈三尺）・弥勒金堂（長さ二〇丈六尺・広さ六丈八尺）という巨大な二つの金堂以下多くの伽藍が建ち並び、壮重な姿であったことがうかがわれる。このうち一五丈の高さを誇る東西の五重塔については『日本霊異記』（下巻、三六）に、当初の計画では八角七重であったが、藤原永手によって普通の四角五重に縮小され、そのために永手は地獄に墜ちたという話を収めている。地獄に墜ちた話はともかく、発掘調査でも東西両塔八角の基壇が発見されており、当初の計画に変更があったことは確かと思われる（現在、方形の基壇が残る）。

なお『続日本紀』宝亀元年二月二十三日条には、東塔の礎石として大きさ方一丈、厚さ九尺もの巨岩を東大寺の東の飯

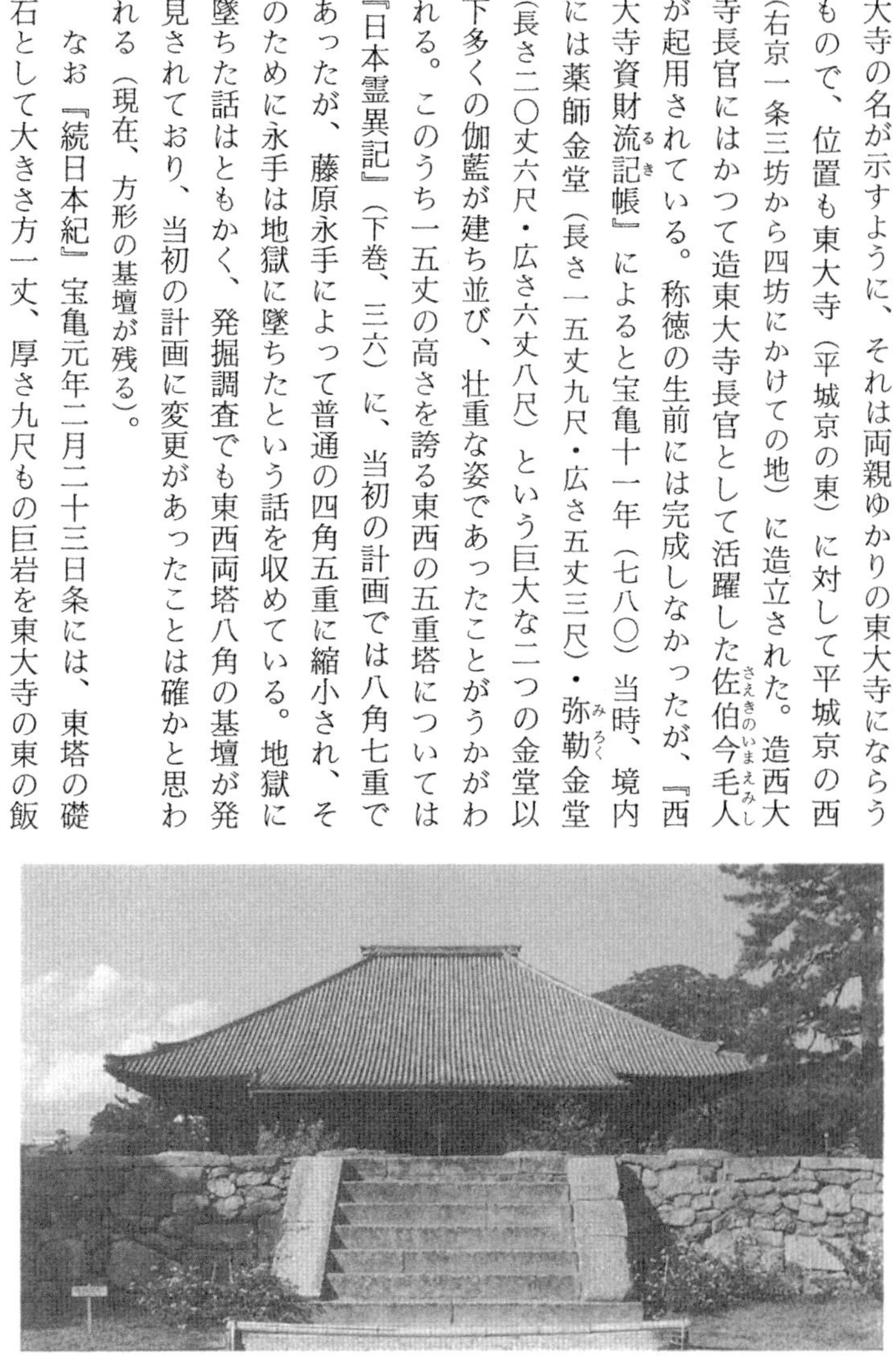

西大寺金堂（奈良市）　手前は東塔跡基壇

盛山から数千人で九日間もかかって運び出して据えたが、巫覡（かんなぎ）たちが石の祟（たた）りを言い立てるので、酒をかけ柴を積んで焼きこわし、道路に捨てた。のち天皇が病気になったのをこの石の祟りというので、捨てた石をかき集め、浄地に置いて人馬が踏まないようにしたと記すが、これも計画の変更を裏付ける話として興味深い。現在、東門の外に祀（まつ）る石落神社がその浄地と伝えている。

西大寺の東方に建立された西隆寺（右京一条二坊。現存せず）も称徳の発願にかかる。神護景雲元年（七六七）八月、従四位上伊勢老人（おきな）が造西隆寺長官に任命されており、この頃から工事に着手されたようだ。翌二年五月には越前にあった仲麻呂の旧領地二〇〇町と御楯（みたて）（仲麻呂の娘婿）の地一〇〇町が施入されている。ここは尼寺であり、これも聖武朝に建立された尼寺法華寺にならったものであろう。

『続日本紀』では称徳朝を、道鏡が安易に土木工事を興し、たくさんの寺院を造立したために国家財政が窮乏したと非難しているが（宝亀元年八月十七日条）、それはこうした西大寺や西隆寺の造立をさすと思われる。留意されるのは、それら寺院の中に仲麻呂の冥福を祈って建てられたとするものが多いことで、道鏡との関係で仲麻呂と対決せざるを得なかったものの、称徳にとって従兄に当る仲麻呂も大事な存在であったことを物語っている。

瑠璃の玉宮

称徳は平城宮東院についても新たな工事を行っている。ここはかつて孝謙時代に在所として用いたことがあるが（八七頁参照）、神護景雲元年四月十四日、東院の玉殿が新造され、この日群臣たちがことごとくここに会している。『続日本紀』によればその屋根は瑠璃（るり）の瓦でふき、壁や柱は極彩色の藻繢（そうき）の文（もん）（水草の絵の文様）で装飾されていたといい、時の人はこれを「玉宮（たまのみや）」と称したという。前年の十月、称徳は道鏡を法王につけてみずからの理想を達成、称徳の絶頂期であったことを考えると、この「玉宮」はそのシンボルとして新造されたものといってよい。しかしこれもまた人々の非難を買うもととなった。

ちなみに称徳は重祚以来、平城宮内の西宮を在所としたようで、この東院については出雲国造(いずものくにのみやつこ)が神事の奏上を行ったり(神護景雲元年二月十四日)、文武百官を賜宴した(同三年正月十七日)などの記事が多いところから、天皇出御のもとに行われる儀式(ハレ)の場として用いられたものと考える。

骸は地に、名は天空に

称徳は平城宮に戻りそのまま病の床につく。『続日本紀』には、「天皇、由義宮に幸したまひてより、すなはち聖躬不予するを覚えたまふ。ここにすなはち平城に還りたまふ」(八月十七日条)とあり、由義宮で発病したという。わざわざ平城宮に戻ったのは、この時称徳はすでに死を予感していたのではないか。称徳の思いといったものが感じられる。

そしてこれが道鏡との永訣となった。平城宮に戻ってから百余日間、称徳はみずから政事をみず、また群臣にして謁見を許されたものはなかった。ただ吉備真備(きびのまきび)の娘(妹とも)で典蔵(くらのすけ)の由利(ゆり)のみが臥内に出入りし、奏上すべきことを伝えたという(『続日本紀』)。

こうしたことから平城宮での称徳は、政治だけでなくすべてに無関心・無気力したがって無責任になったとする見方があるが、それはいささか一方的な解釈で、『続日本紀』を丹念に読み込むと、平城宮へ戻ってからの称徳はじつは時間を惜しむかのように必要な措置をつぎつぎと取っていたのである。六月一日、この日大赦を行い、太政官に対して奈良麻呂の変と仲麻呂の乱の縁坐者について罪の軽重を奏聞するように命じている。同月十日、左大臣藤原永手に近衛(このえ)・外衛・左右兵衛(ひょうえ)のことを、同じく右大臣真備に中衛・左右衛士(えじ)のことをゆだねている。これは死に乗じて起る不穏な動きを押えるためであった。

七月十五日には、当時流行していた疫病に心をいため、「朕、重任を荷ひ負ひて、薄きを履み深きに臨めり」と述べて勅を下し、大般若経を転読させ、辛・肉・酒を禁止している。さらに同月二十三日、先の下問に対して太政官からの奏上—奈良麻呂事件の関係者四四三人のうち二六二人の減刑を申請—について、称徳はその通りに執行すべきことを命じている。しかしかれらが京に入ることまでは許していない。長年にわたって称徳を認めようとしなかったかれらへのシコリがなお根強く残っていたことを暗示している。

無気力・無責任になったというのが当らないことが知られると思う。したがって「親ら事を視ず」（『続日本紀』）とあるのも表立った形では政事をとらなかった（病床にあって指示した）との意と解すべきものであろう。

しかし称徳には、なお片付けなければならない重大な仕事が残されていた。弁明だけで先送りしてきた皇嗣問題（次の皇位継承者の決定）がそれであり、最後の決断を迫られていた。しかしそれは道鏡を捨てることでもあった。

称徳は道鏡との決別の時がそう遠くないことを予期していた。早晩別れなければならないことを覚悟していた。託宣事件のあとの由義宮行幸には、そういう思いがこめられていたのかも知れない。ところがその由義宮で病に倒れたため、にわかに現実のものとなった。直前までの甘美な日々を思えば、病床の称徳にはつらい時間だったろう。称徳は道鏡を遠ざけ、ついに他人となった。

その上で下した「決断」についてはあらためてふれるが、決断のあと称徳は、八月四日、平城宮西宮寝殿で静かに息をひきとっている。五三年の生涯であった。出家の身としてその遺骸は、父天皇と同じように（他の天皇とは違って）火葬に付された上、十七日、大和国添下郡佐貴郷に築かれた高野山陵に葬られている。なおこの山陵は鈴鹿王（長屋王の弟）の旧宅を収公し、左右京と四畿内、伊賀・近江・丹波・播磨・紀伊などから徴発された六三〇〇人もの役夫によって築かれたものであった（『続日本紀』）。託宣事件のあと、「体は灰と共に地に埋りぬれど、名は烟と共に天に昇る」と述べた称徳である、その霊魂は天空高く舞い上ったことであろう。

名のない天皇

天皇が亡くなれば諡（死後に贈る称号。天武とか持統という呼称を漢風諡号というのに対して、天渟中原瀛真人天皇や高天原広野姫天皇を和風諡号という）するのが当時の慣習であった。したがってこれまで用いてきた「孝謙」「称徳」も、そうした

孝謙天皇高野山陵（奈良市）　晩秋の一日，女帝の眠る塋域を訪ねた

慣習に基づいてつけられた諡と思うのは至極当然のことである。しかしこの名は諡ではない。これも当時の慣習で、生前出家していた者には諡されなかったからである（『続日本紀』）。かの女は諡のない、つまり名のない天皇だった。その名なしの天皇にどうして孝謙や称徳といった名がついたのか、かの女が亡くなったいま、その間の経緯を是非述べておかねばなるまい。

「孝謙」「称徳」の呼称には、むろん由来がある。その出所は、以前述べたように天平宝字二年（七五八）、仲麻呂の献上した尊号─「宝字称徳孝謙皇帝」である。「宝字」は当時の年号であり、「称徳孝謙」は皇帝（天皇）の人柄を称えた、いわば形容詞であるが、かの女に特定化された表現であり、それが尊号として奉られたことにより固有名詞（人名）になったといってよい。『正倉院文書』所収の石山院牒（天平宝字二年）や『西大寺資財流記帳』（宝亀十一年）に「宝字称徳孝謙皇帝」とみえるように、生前からこの尊号が女帝を表す公的称号として準用された理由である。

かの女はまた「高野（たかの）（姫）天皇」とも呼ばれている。『続日本紀』淳仁即位前紀を初見とし、六国史最後の『三代実録』に及んでいる。その用い方から判断して、初度の在位中（いうところの孝謙天皇時代）ではなく、上皇となって以後（孝謙上皇～称徳女帝）に対する呼称であることは明らかである。『続日本紀』の巻頭標題も、いわゆる孝謙女帝時代（巻十八～二十）を「宝字称徳孝謙皇帝」とするのに対して、孝謙上皇・称徳女帝時代（巻二十六～三十）は「高野天皇」と記している。これは『続日本紀』が編纂された桓武朝において、初度の在位時代と区別するために、上皇時代以降を「高野天皇」と称するようになったことを示している。しかし、これもまた正式な呼称ではなかった。

この高野（姫）の呼称については、それが生前からのものとみるか、崩後に与えられた呼称とみるか、意見の分かれるところであるが（鈴木靖民「高野天皇の称号について」『国学院雑誌』七七―八）、わたくしは後者と考える。高野山陵の名に由来するとみるからである。天皇の称号は、平安朝に入ると平城天皇や嵯峨天皇のように居所（地名）にちなんで諡されるようになるが、「高野」天皇はその先蹤とみてよいであろう。

このように「宝字称徳孝謙皇帝」と「高野天皇」とが時期的に使い分けられたが、この区別はその後崩れたようだ。『経国集』（八二七年撰進）や『栄華物語』（十一世紀前半成立）では、初度の在位時から高野天皇（「高野の女帝とも」）の呼称を用いている。この間、『日本霊異記』（八二二年頃成立）は「帝姫阿倍の天皇」、『今昔物語』（十二世紀成立）は「高野姫天皇」「安倍天皇」を用いているように、時には諱（阿倍内親王）による呼称も使われているが、主流は「高野天皇」であった。いずれにせよ、原則の違う二つの呼称（宝字称徳孝謙皇帝と高野天皇）を使うことの煩わしさから、簡明でもある高野天皇の名が総称とされたものと考える。こうした使い方は平安末期の成立とみられる『大鏡』などにもみられる。したがっていうところの「孝謙」「称徳」がかの女の天皇名となったのはそれ以後のことである。これについては慈円の『愚管抄』が（高野天皇の名も用いているが）、「重祚シテクライ（位）ニカヘリツキタマイニケリ（略）孝謙ヲバコノタビハ称徳天皇ト申ケリ」（巻三）と述べており、この時期（鎌倉初期）には孝謙・称徳が二度の在位に対応するそれぞれの呼称として、区別して用いられていたことを知る。『古事談』に「称徳女帝」と記し道鏡との話を収めるのも、同様である。とすれば、孝謙・称徳の呼称の流通は、平安末期から鎌倉初期のことであったろう。

なおこの孝謙・称徳の呼称は、先にも述べたように仲麻呂の献上した尊号「宝字称徳孝謙皇帝」に由来するが、文字の順序からいえば初度が称徳、重祚後を孝謙とするほうが自然なように思われる。それが孝謙・称徳となったのは、父聖武の例にならったものであろう。すなわち聖武という称号も天平宝字二年（七五八）に孝謙（実際は仲麻呂）の献上した尊号「勝宝感神聖武皇帝」のうち、皇帝に直接連なる「聖武」の二字をとって呼ばれたものだからである。ちなみにこの呼称は、尊号献上の翌宝字三年、淳仁が詔の中で自らを「前聖武天皇の皇太子」と称しているのが最初である。孝謙の場合も「宝字称徳孝謙皇帝」のうち、まず「孝謙」皇帝の名が抽出され、二度目は、聖武の時には用いられなかった（重祚していないので）上の二字をとって「称徳」皇帝と呼ばれるようになったものと考える。

以上のような経緯をみると、孝謙・称徳が新しく、高野の方が古い呼称といってよい。しかし後者が定着することなく終わったのは、仲麻呂の献上した尊号に比して「高野」に公的な要素が少なかったためであろう。

なお桓武天皇の母、新笠（にいがさ）は和（やまと）氏という本姓をもちながら生前、高野（たかの）朝臣を賜姓されている。これは高野天皇と呼ばれた孝謙（称徳）に関わるもので、桓武（山部親王）が聖武系皇統の継承者であることを表わすための措置であったと考える（瀧浪「高野新笠と大枝賜姓」）。

ともあれ出家して諡号を持たなかった上に重祚したことが、かの女の呼称を一層複雑にした理由であるが、没後四百年もの歳月を要して、孝謙・称徳の名がようやく定着したのであった。

「遺宣」の決断

今のりたまはく　神護景雲四年（七七〇）八月四日、病床の称徳が下した決断とは天智天皇の孫、白壁王を立太子することであった。これについては『続日本紀』に「天皇、西宮寝殿に崩ず、春秋五十三」と述べたあと次のように記している。

左大臣従一位藤原朝臣永手、遺宣を受けて曰はく、今詔りたまはく、事卒爾に有るによりて、諸臣等謀りて、白壁王は諸王の中に年歯も長なり。また先帝の功も在る故に、太子と定めて奏せば、奏せるまにまに定め給ふと勅りたまはくと宣る。

ここには永手が称徳からうけた詔だけでなく、称徳と永手（ら臣下）の間でのやりとりも含めており、しかもそれらが要約して記されていることから文意がはなはだ不明確である。そこで言葉を補って大意を述べておく。

左大臣永手が遺宣（称徳天皇の宣命）を受けて発表する。今（称徳天皇が）仰せ下されるには、事は急を要するので、諸臣たちと審議して（急ぎ皇太子を立てよと申された）。（そこで永手らは）諸臣たちと合議した結果、白壁王は諸王たちの中で年長であること、また先帝（称徳）に対しても功績多大であり、皇太子にふさわしい人物と決定し、そのことを奏上したところ、（称徳もこれを承諾し）、その通りにせよとの勅があった旨を宣告する。

ここでしばしば問題になるのが、永手が受けた詔を「遺宣」といい、称徳のことを「先帝」と記している点であるが、これはこの記事の前に記された称徳の崩御記事との整合性を保つための用法であって、格別作意はない。たとえば「先帝」を天智天皇とみる理解が多いが、年齢的にみて白壁王が天智の時に功績をあげることは有り得ない。「遺宣」というも、それはたった今、病床での称徳が発した命令との意で、遺詔＝死後に公表された称徳の言葉という意味ではない（瀧浪「藤原永手と藤原百川」）。「今のりたまはく」との言葉がそのことを示している。

称徳が生前白壁王の立太子を決定したことは確かであり、それに従って二ヵ月後の十月に即位したのが光仁天皇（時に六二歳）である。ところがこの皇嗣決定があまりにも敏速で話ができすぎているとして、称徳は皇嗣を定めないままに没した、そこで称徳の〝遺宣（遺言）〟なるものを偽作し、白壁王の立太子を実現したのだというのが一般の理解である。つまり『続日本紀』のこの記載は偽作とみるのである。そうした考え方に拍車をかけているのが『日本紀略』所引の「百川伝」や『水鏡』の記載である。

称徳天皇は在世中、皇太子を定めずに亡くなった。そこで右大臣吉備真備らは長親王の子である文室浄三ついでその弟の大市を強硬に立太子させようとしたが、いずれも辞退した。この間百川は永手らとはかって宣命を偽作し、白壁王を立太子させた。

というのがその大意である。

しかしわたくしにはそうは思えない。これまで縷々述べてきたように草壁皇統の正統な継承者という意識は、死の直前まで称徳の脳裏から離れることはなかった。その称徳が後継者問題を放置したまま没したとは考えがたいからである。そこでその称徳の意を体して事を運んだのが藤原永手だった。この間の経緯をわたくしは以下のようにみる。

『続日本紀』には白壁王を擁立したという結論だけが記されるが、むろん簡単に合意が得られたとは思えない。称徳が病床にあって出席していない会議であったことを考えると、意見の対立があって当然というものである。ことに草壁の嫡系に終止符が打たれるとなれば、皇統をせめて天武の傍系に戻そうとする真備のような発言（真備が推薦した文室浄三・大市兄弟は天武天皇の孫に当る）があった可能性は十分にある。そのように考えるのでわたくしは、「百川伝」や『水鏡』の記載がまったく根拠のない荒無稽なものとも思わない。むしろ利害が対立し議論が錯綜したあり様を反映したものとみてよいのではないか。そうであればこそ、それらをまとめて白壁王の擁立に一本化したのは、まさしく永手の力量、政治的手腕によるものであったと考える。

もっとも白壁王の立太子については、なぜ、ただちに即位させなかったのかという疑問が出るかも知れない。しかしここでもう一度、称徳自身が、皇太子にふさわしい人物が現われるのを待つと繰り返し述べたことを想起したい。そこでも天皇ではなく皇太子と称徳が述べたのは、立太子した上で即位するのがこの時期における皇位継承のルールとなっていたからである。それは緊急を要する白壁王の皇位継承においても例外ではなかったのである。そこで白壁王は立太子した上、二ヵ月後に即位した。それでも最短距離での皇位継承であった。

なおこのことに関連していえば、道鏡の場合も皇位につくためには、いきなり即位するのではなく、ひとまず立太子することが不可欠であったが、それはおよそ考えがたい事態であったろう。そうしたことを考えても、道鏡の即位は非現実的であり、そこでも述べたように称徳にその意思はまったくなかったのである。

永手と百川

白壁王が擁立されたのは、当時の状況の中ではもっとも妥当な撰択であったといえる。白壁王自身は聖武と血縁関係をもたないが、妻の井上内親王は聖武の娘（母は不破内親王と同じ県犬養広刀自）であったから、その井上を介して聖武の血脈に連なっていたからである。その点で王は称徳にとっても親近感を抱かせる人物であったと思われる。しかも白壁王は永手の下にあって称徳・道鏡体制を支えた一人であり、永手が右大臣に任命された同じ日、大納言に昇任している。ただしこれ以降四年有半、王一人だけが官職・位階ともに昇叙のことがないのは、予定された昇叙の停止とみられ（今江広道「皇太子と位階制」林陸朗編『日本古代の政治と制度』）、その時点で白壁王の擁立は計画されており、それが生前の称徳の意向であったことを暗示している。

こうした称徳の思惑を、むろん永手が承知していなかったはずはない。生前にそうした考えを称徳が永手にもらしていたことも十分に考えられるところである。ところが病床に伏す称徳の容態が急変したため、「事卒爾(にわか)に有るに依て、諸臣等謀りて（奏上せよ）」という宣命をうけた永手は、称徳の意向を伝えて諸臣にはかり白壁王の擁立を実現したというのがほぼ間違いのない事実といってよかろう。わたくしが興味深く思うのは、この人選にみられる永手の判断である。

これ以前、道祖王廃太子後の皇嗣策定会議において永手の推薦したのは塩焼王だった。おそらく県犬養系の不破内親王（塩焼王の妻）を介して塩焼王が聖武に連なるということがその理由であったろう。永手はその論理をこの白壁王の場合にも貫いたわけで、その点草壁＝聖武嫡系消滅後の皇位継承に関する永手の考えは、聖武の傍系を推すという点で首尾一貫していたといってよい。

一方、白壁王の擁立を意図しながら称徳があえて遺詔を残さなかったのは、おそらく父聖武の遺詔―道祖王（ふなどおう）の立太子と廃位―の二の舞になりかねないことを知っていたからではなかろうか。皇位が天皇個人のものでなく、衆目の合意を得てはじめて国家の君主たりうることを身をもって体験した称徳だったからである。合議という方法をとったのも、最後まで皇統に対する責任を感じていたことを示している。

永手から白壁王の擁立の報告をうけた称徳は、思い残すことなく、波乱に満ちた女の生涯を閉じている。

なお付言すれば、先にみた「百川伝」や『水鏡』には、藤原百川が白壁王の擁立に中心的役割を果したように記述するが、それはまず有り得ない。たしかに百川は称徳朝に入ってから活動が目立ちはじめるが、決して政務決定に参加できるほどの地位にあったわけではない。白壁王擁立に口をはさむ権限があったとは考えがたい。百川の活躍は永手没後のこととみるべきである（瀧浪「桓武天皇の皇統意識」）。

後世の称徳観・道鏡観

称徳女帝の遺骸が高野山陵に葬られた時、道鏡はその陵下に留まり墓守になったという。その時、道鏡の心の中で称徳女帝はどのような存在であったのか。

『続日本紀』に収める道鏡の卒伝には、山陵を離れようとしない道鏡の様子を、「なほ威福己によるを思ひて、ひそかに僥倖（ぎょうこう）を懐（おも）ふ」と記し、なお専権を保持しようとしていたというが、いささか悪意に満ちた評言であろう。愛する人の死にあって脱け殻のごとくなった姿とみる。

しかし道鏡に「奸計」ありという坂上苅田麻呂の密告をうけて八月二十一日、道鏡は法王の地位を奪われ、称徳の恩寵に免じて断罪されることなく、造下野国薬師寺別当に左遷された。道鏡が失意のうちにその下野国で没するのは二年後、宝亀三年四月六日のことである。卒伝には「死する時は庶人の礼を以て葬れり」とあり、無位・無官の人物として生涯を終えている。

一方称徳については、『続日本紀』宝亀元年八月十七日条に次のような評価が記されている。

> 天皇、尤も仏道を崇めて、務めて刑獄を恤みたまふ。勝宝の際、政、倹約を称ふ。太師誅せられてより、道鏡、権を擅にし、軽しく力役を興し、努めて伽藍を繕ふ。公私に彫喪して、国用足らず。政刑日に峻しくして、殺戮妄に加へき。故に後の事を言ふ者、頗るその冤を称ふ。

孝謙時代は恩情ある裁判や刑罰を行い、倹約政治であったが、称徳時代になると道鏡が権力をほしいままにして、さかんに土木事業を行い寺院を造営した。そのために官民は疲れ、国家財政は窮乏し、裁判も厳しくなり、やたらと人を処刑にした。後継者問題に関して罪におとされる者が多かった――。

一読して明らかなように孝謙時代は評価が高いのに対して、称徳時代は道鏡と結びつけられ、その治世は酷評されている。とくに「後の事」すなわち皇位継承問題に関しては適切な処置を欠いたことが最大の汚点として受けとめられていることを知る。事実はその通りであり、そのために厳しい評価がなされたとしてもやむを得ないであろう。しかし何の見通しも持てないまま淳仁天皇を廃し、重祚に踏み切らざるを得なかった当時の状況を考えれば、他にどういう解決策があったのか、これもまた疑問である。結局のところ称徳の悲劇は、草壁皇統に連なるという嫡系意識を捨て切れなかったところにある。両親

弓削道鏡塚（栃木県河内郡南河内町）　龍興寺境内にある小円丘

孝謙天皇神社の森（栃木県下都賀郡石橋町）
天皇に近侍した女官が分骨し祀ったものという

からそれを繰り返し教えられ、使命であると言い聞かされてきたことを思うと、称徳個人に全責任を負わせるのは酷というものではなかろうか。右の称徳評はそのことを考慮して受けとめるべきと考える。しかしそれも最後の最後に至って白壁王を擁立したことで、その批判に応えたといえよう。

　称徳評価についてわたくしが留意したいのは、道鏡の事績とないまぜになって述べられていることで、これは『続日本紀』が編纂された桓武朝において、すでに後世にみる孝謙＝称徳観の原型ができあがっていたことを示している。それから二、三十年たった頃、嵯峨朝の成立といわれる『日本霊異記』には、「弓削の氏の僧道鏡法師、皇后（称徳）と枕を同じくして交通り、天の下の政を相摂りて、天の下を治む」（下巻の三八）と記され、称徳が早くも政治的な評価ではなく道鏡との男女関係という醜聞性において取上げられていることを知る。これが鎌倉期の『古事談』や『愚管抄』などでは一層肥大化され、虚実ないまぜに面白おかしく語られるようになる。当然のごとく、それに伴い称徳や道鏡の実像は急速に見えなくなっていった。しかもそうした称徳＝道鏡観は今日に至るまで基本的には変っていない。研究者の間でも道義的な判断から称徳が忌避され、正面からこれを論ずることがなかった。自業自得という一面はあるが、称徳にとってこれは不幸なことであったといわねばならない。

最後の女帝

どんなわたくしになるかと案じておりましたが、半世紀に及ぶ生涯を最期まで見届けていただいて有難く思います。これまでは断片的・恣意的に、それも道鏡との関係ばかりを誇張して、面白おかしく取上げることしかしてもらえなかったわたくしを、これほど多方面から照射してもらったのは、はじめてです。正直いって、ここまで理解してもらえるとは思ってもみませんでした。有難い反面、すべてを見透かされたようで、恥ずかしい気もいたします。

自分の考えや行動はわかっているつもりでしたが、著者にいわれて気づいたことも少なくありません。わたくしの生涯で父聖武がいかに大きな存在であったかということも、あらためて認識いたしました。父の行動やその教えが、無意識のうちにわたくしの羅針盤になっていたのです。考えてみれば、わたくしが重祚に踏み切ったのも父が手本でした。

御承知のように重祚した時、わたくしは出家の身でした。そのわたくしが政務をとれば、貴族たちがとまどうことはわかっていましたが、父も出家上皇としてわたくしを後見してくれましたし、何よりも父の理想であった神と仏による政治を実現する時が来たと思い、重祚に踏み切ったのでした。大嘗祭に貴族たちとともに僧侶を参加させたのも、そんなわたくしの考えを理解してもらうためでした。それを「さきに出家せさせ給へりしかば、尼ながら位にゐ給るにこそ、非常の極なりけんかし」（『神皇正統記』）とまでいわれ、それが一般的理解となっていることを知った時は、さすがにショックでした。わたくしの構想は誰にもわかってもらえないものと諦めていたのですが、この著者はそれを理解してくれたのです。

父についても、世間では早くに父文武（わたくしの祖父）が亡くなり、過保護に育てられたため〝箱入り息子〟のような、優柔不断の天皇とのレッテルを貼られています。したがってその治世も母光明子の発言力の方が強く、とくに上皇となってからは脱け殻のような余生を送ったとの理解がなされています。しかし事実はまったく逆で、父の存在が貴族社会の重しとなり、そのために政治的混乱も回避できたのでした。外柔内剛といいますか、父ほど自分の意志を貫いた人も多くはいないでしょう。その父を一番理解していたのは母でした。

そうした両親の真の姿を、著者によってわたくしもはじめて理解することができました。そればかりか曾祖母元明や大叔母元正の働きがいかに大きかったかということも教えてくれました。とくに元明の役割の大きかったことが重大で、中継ぎ女帝ではありましたが、奈良朝期を通じて果し続けた役割の重さがしのばれました。

わたくしをここまで理解してもらえたのは、史料を丹念に読み、それを全体の中で位置づける作業を続けてもらったからでしょう。だからこそ、最大の汚点とされた宇佐神託事件についても、誰も気づか

唐招提寺扁額（奈良市）　孝謙天皇の手になると伝える。ただしこれはレプリカ

なかったわたくしの苦悩の決断を理解してもらえたのです。それはまったく新しい観点であり、一二〇年たってようやく事件の真相を究明していただいた思いがします。

それから、わたくしが事実上、最後の女帝となった理由を不思議に思っていましたが、著者のいうところでは、わたくしのような経験を経て、平安初期に皇太子の制度が整えられるようになったからだそうです。それが皇位継承上の新しい受け皿となり、その結果、中継ぎ天皇としての女帝の役割が不要になったというのです。

こんにちまで続いているわたくしへの非難が、いったいいつ頃から始まるのか、なぜ誤解されるようになったのか、ずっと不可解に思っていましたが、没後、早い時期からのものであることも知りました。それを著者に〝自業自得〟といわれて、返す言葉もありません。

著者はわたくしに好意的であるかと思うと、時にはびっくりするほどの冷めた目でわたくしを論評しました。でもそうだからこそ、真のわたくしが理解してもらえたのだと思います。むろん著者の見方に批判もあるでしょうが、これを機にもっとわたくしに関心をもっていただければ嬉しく思います。

孝謙天皇関係略系図

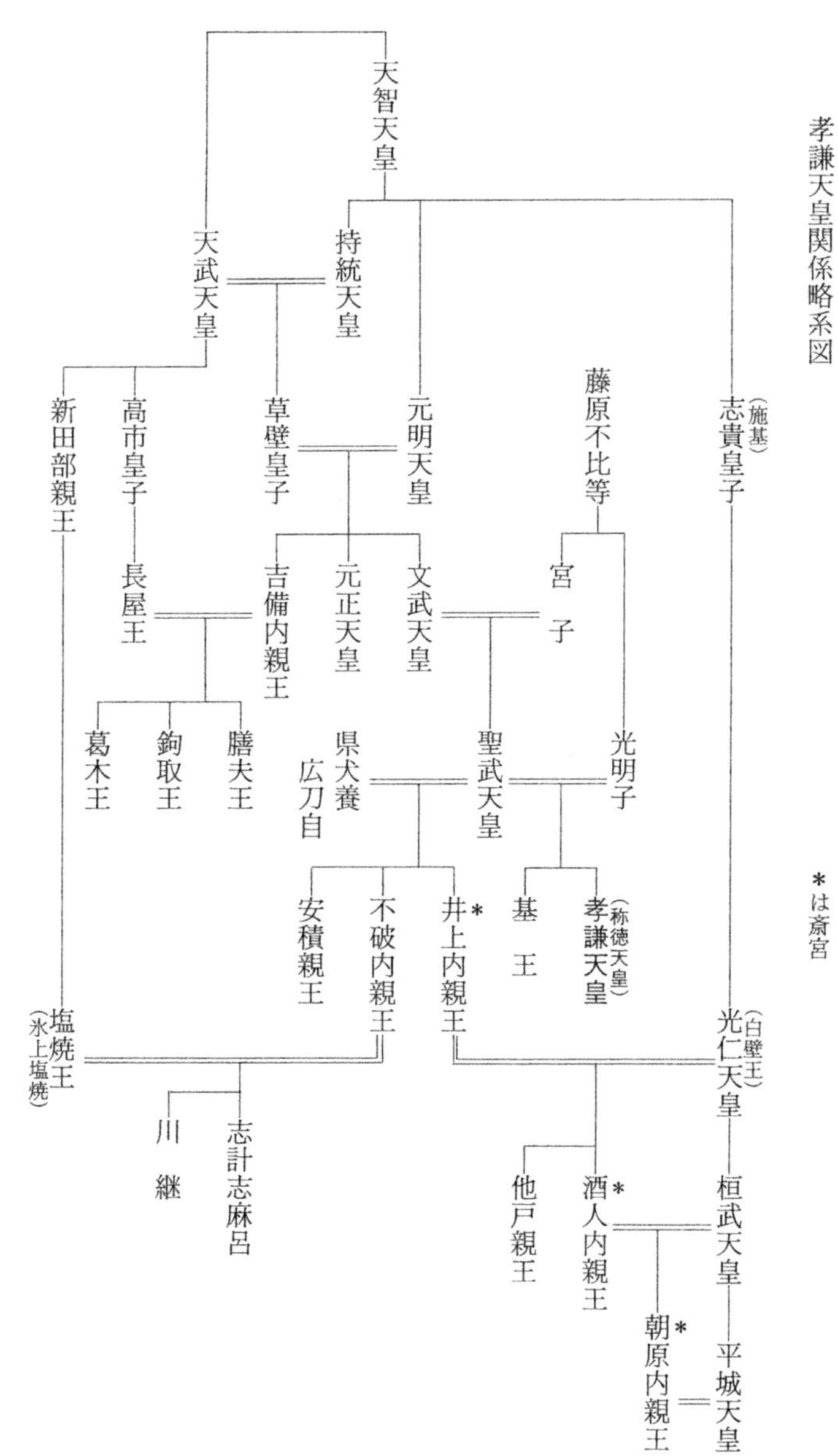

天智天皇
天武天皇
持統天皇
元明天皇
（施基）志貴皇子
新田部親王
高市皇子
草壁皇子
藤原不比等
長屋王
吉備内親王
元正天皇
文武天皇
宮子
葛木王
鉤取王
膳夫王
県犬養広刀自
聖武天皇
光明子
安積親王
不破内親王
井上内親王*
基王
孝謙天皇（称徳天皇）
塩焼王（氷上塩焼）
光仁天皇（白壁王）
川継
志計志麻呂
他戸親王
酒人内親王*
桓武天皇
朝原内親王*
平城天皇
*は斎宮

天武天皇系略系図

（＊は長屋王の変で自経した人物）

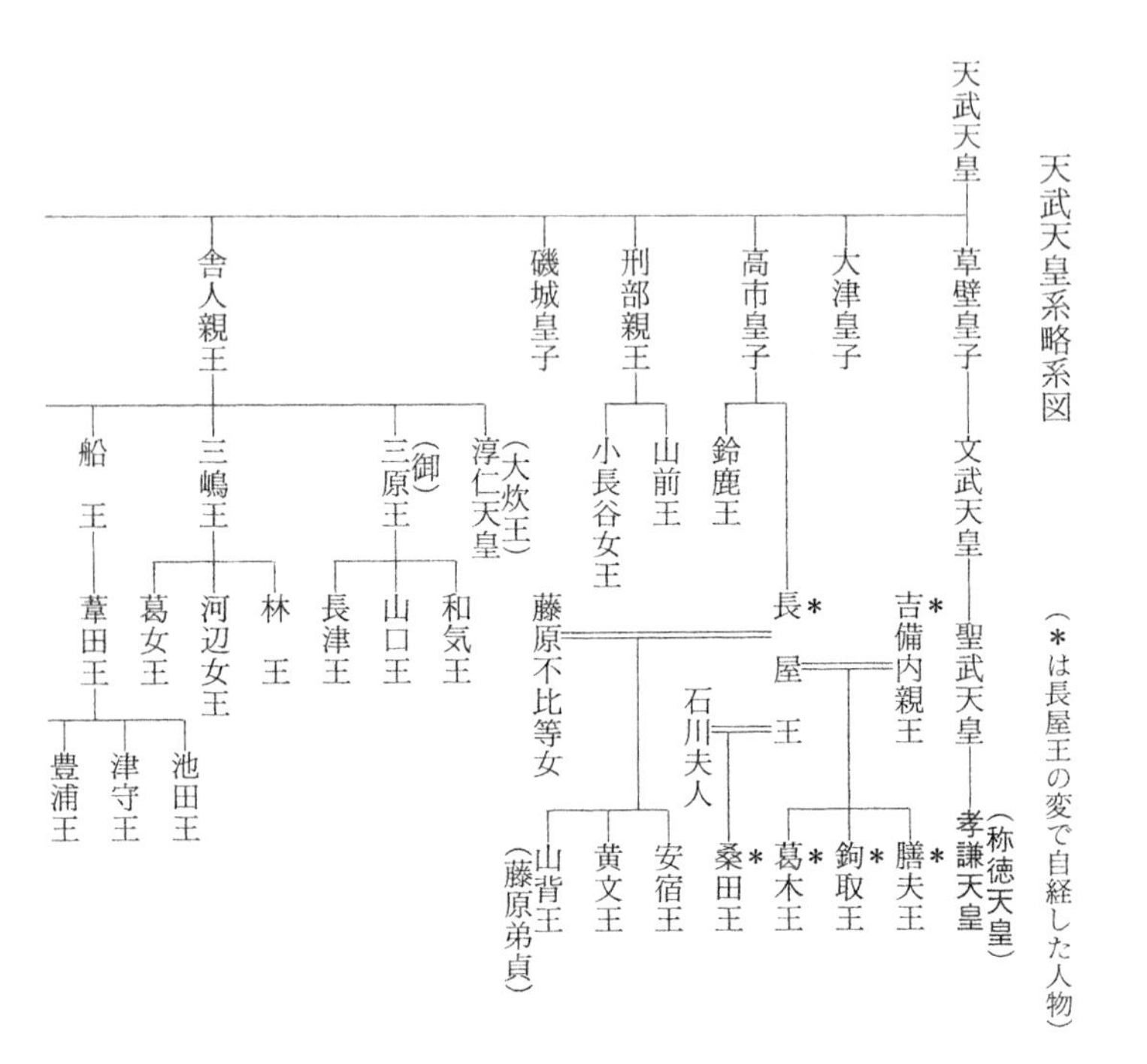

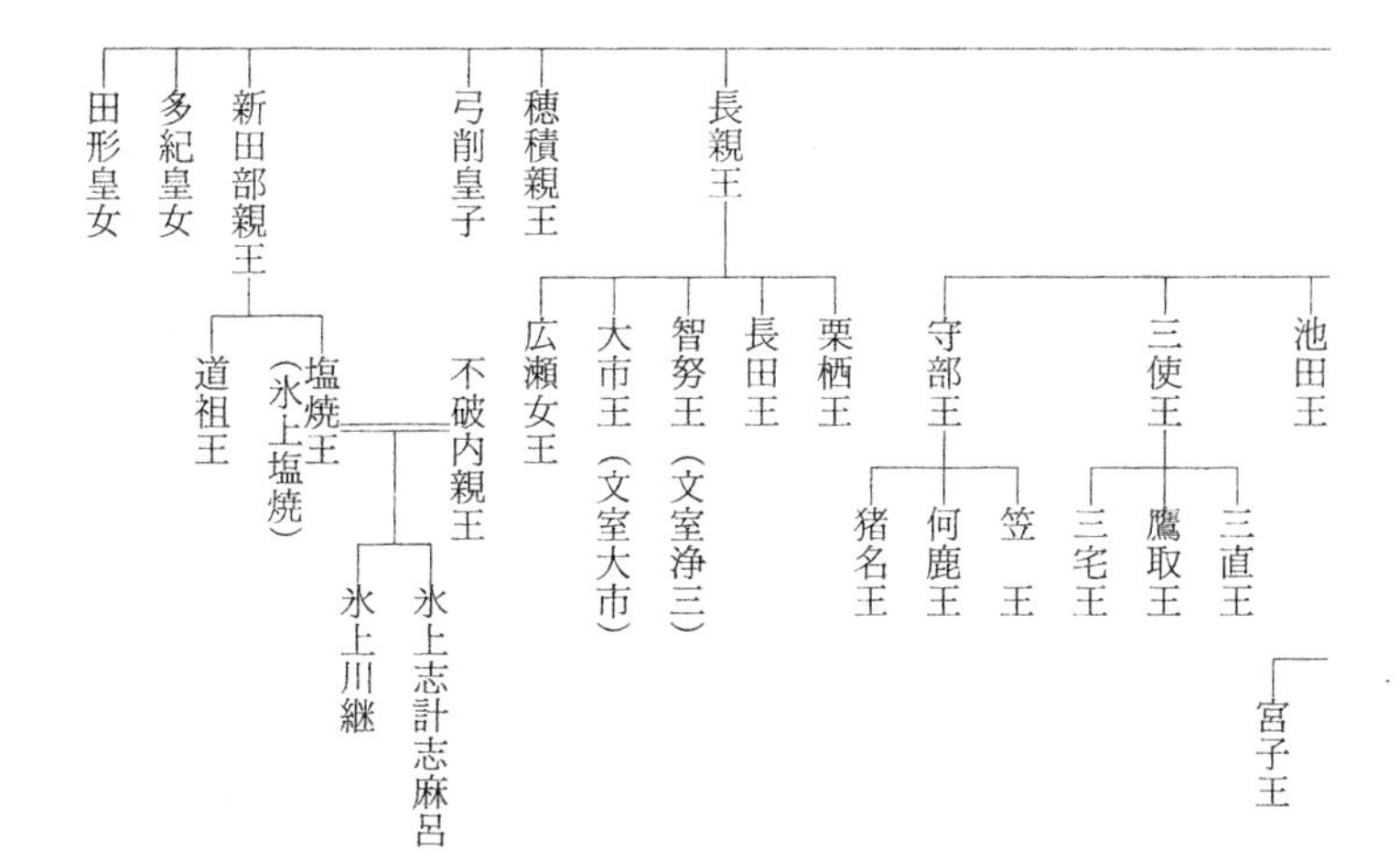
長親王
穂積親王
弓削皇子
新田部親王
多紀皇女
田形皇女
栗栖王
長田王
智努王（文室浄三）
大市王（文室大市）
広瀬女王
不破内親王
塩焼王（氷上塩焼）
道祖王
氷上志計志麻呂
氷上川継
池田王
三使王
守部王
三直王
鷹取王
三宅王
笠王
何鹿王
猪名王
宮子王

藤原氏略系図

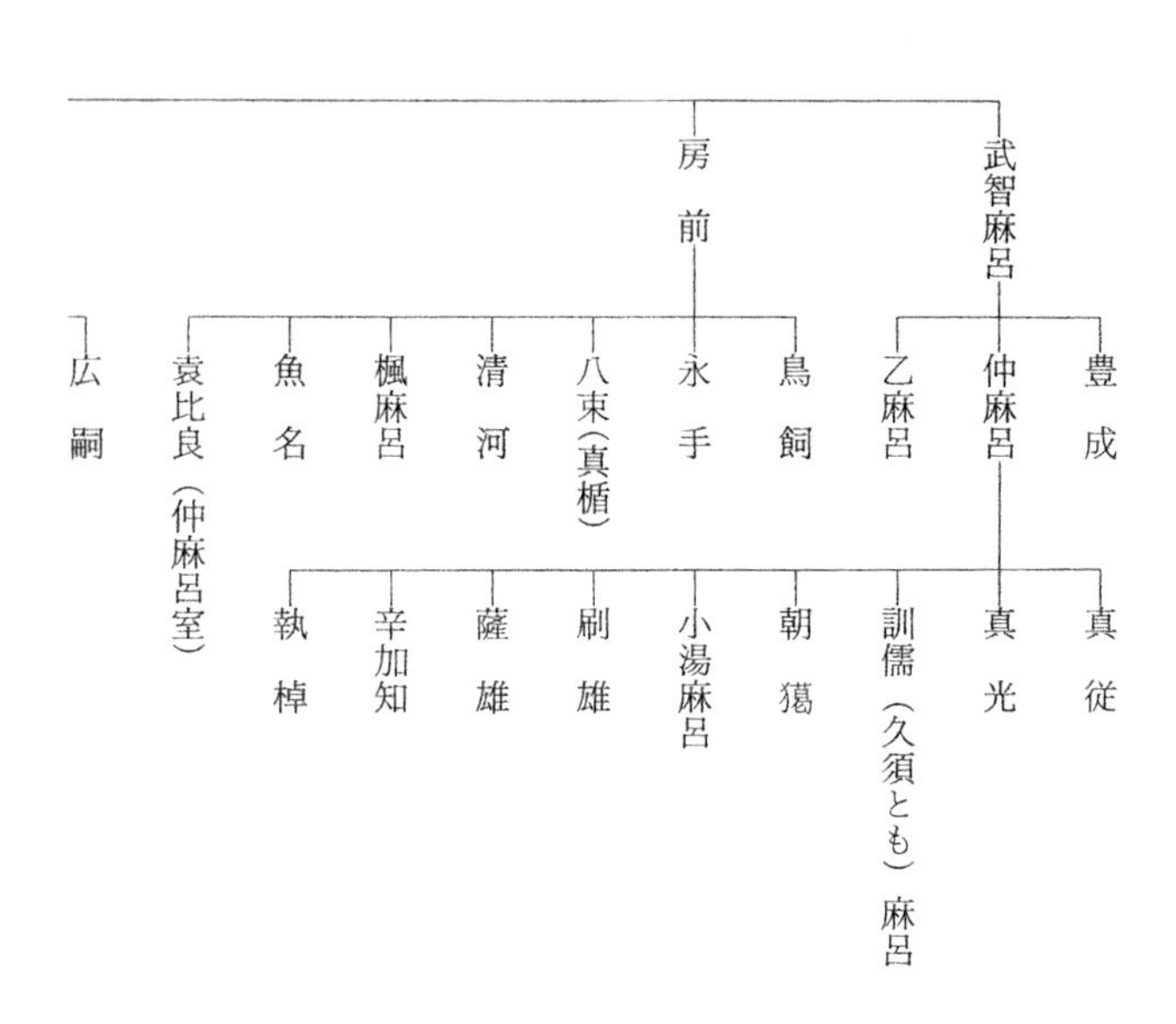
武智麻呂
房前
豊成
仲麻呂
乙麻呂
鳥飼
永手
八束（真楯）
清河
楓麻呂
魚名
袁比良（仲麻呂室）
広嗣
真従
真光
訓儒（久須とも）麻呂
朝獦
小湯麻呂
刷雄
薩雄
辛加知
執棹

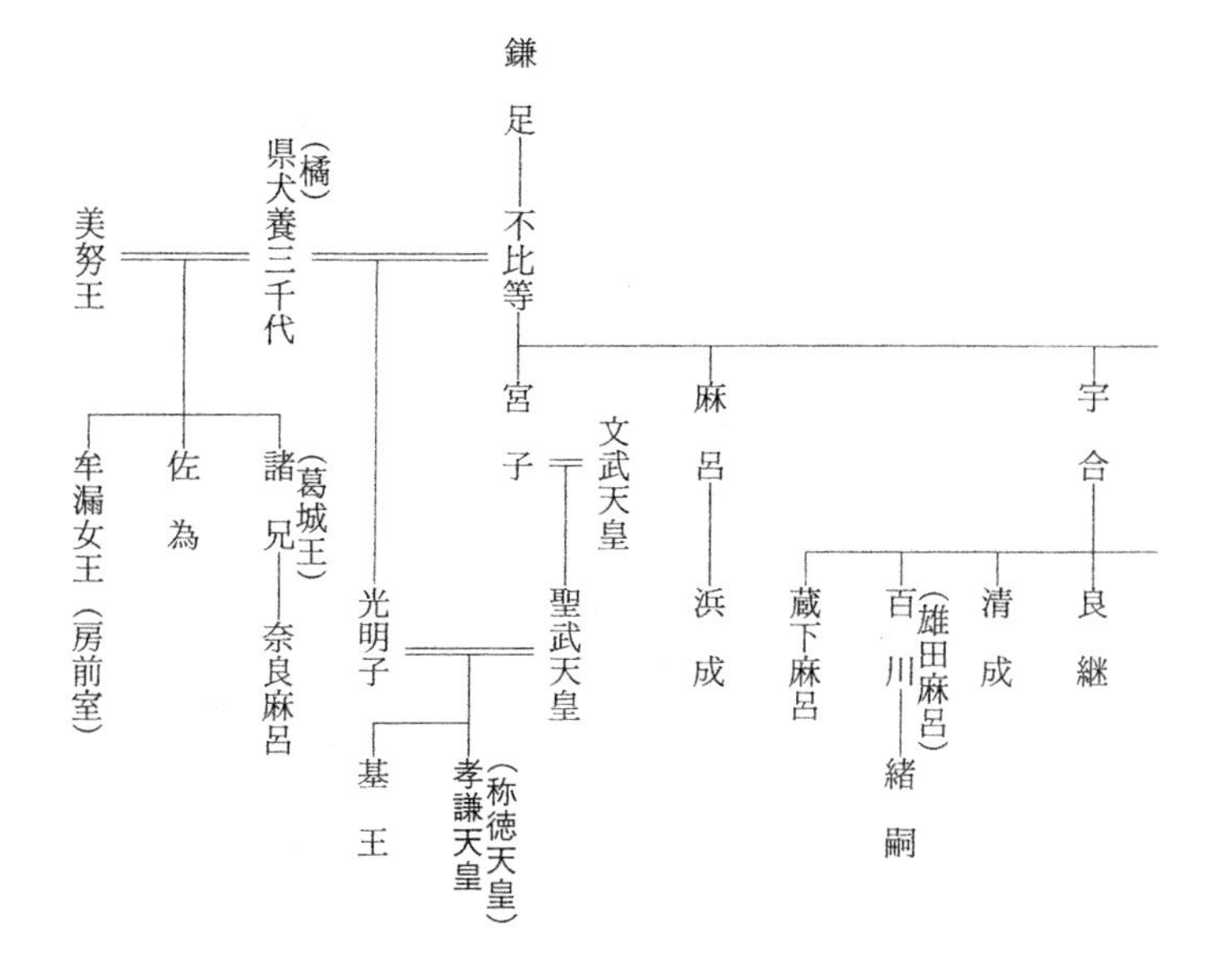
鎌足
不比等
宇合
良継
清成
百川
（雄田麻呂）
緒嗣
蔵下麻呂
麻呂
浜成
宮子
文武天皇
聖武天皇
光明子
孝謙天皇
（称徳天皇）
基王
（橘）
県犬養三千代
美努王
諸兄
（葛城王）
奈良麻呂
佐為
牟漏女王（房前室）

主要参考文献

本文に掲出したものは除く。また紙数の関係で単行本に限らせていただいた。

林　陸朗『光明皇后』吉川弘文館、一九六一年

平野邦雄『和気清麻呂』吉川弘文館、一九六四年

角田文衛『律令国家の展開』塙書房、一九六五年

岸　俊男『日本古代政治史研究』塙書房、一九六六年

北山茂男『女帝と道鏡』中央公論社、一九六九年

上田正昭『女帝』講談社、一九七一年

村井康彦『古京年代記』角川書店、一九七三年

熊谷保孝『律令国家と神祇』第一書房、一九八二年

中川　収『奈良朝政治史の研究』高科書店、一九九一年

大山誠一『長屋王家木簡と奈良朝政治史』吉川弘文館、一九九三年

土橋　寛『持統天皇と藤原不比等』中央公論社、一九九四年

森田　悌『長屋王の謎』河出書房新社、一九九四年

千田　稔『平城京の風景』文英堂、一九九七年

瀧浪貞子『日本古代宮廷社会の研究』思文閣出版、一九九一年　「光明子の立后とその破綻」「聖武天皇『彷徨五年』の軌跡」「孝謙女帝の皇統意識」「藤原永手と藤原百川」「桓武天皇の皇統意識」「武智麻呂政権の成立」「奈良時代の上皇と『後院』」「歴代遷宮論」「『山背』遷都と和気清麻呂」「高野新笠と大枝賜姓」を収める。

あとがき

吉川弘文館の大岩由明氏から、孝謙女帝についてまとめてみませんか、との電話があったのは平成四年二月、寒い日のことであった。前年末に刊行した小著『日本古代宮廷社会の研究』（思文閣出版）の第一部「皇位と皇統」で論じた孝謙女帝に関心を抱かれ、勧めて下さったのである。

孝謙女帝について、前著では、主として皇位継承や皇統意識を中心に論じたが、論文の性格上、必ずしも全生涯を通じて考察したのではなかったから、いつかはまとめてみたいとの思いがあった。本書は大岩氏のお勧めに従い、その課題に挑戦した軌跡である。

孝謙＝称徳女帝は、前著でも指摘したように、これまでの古代史研究において、正面から取り上げられたことはまずなかったといってよい。理由は明らかで、藤原仲麻呂や光明子の傀儡でしかなかったといった低い評価、ことに道鏡との関係から道徳的な偏見が研究者の間にも根強く存在しており、積極的に取り上げることが忌避されたためである。今回もその種の先入観が公正な理解や意味づけをいかに誤らせていたかを痛感させられた。その最たるものが宇佐神託事件であるが、従来とは全く違う観点から新しい理解を示すことができたと思う。

孝謙に関わる主要な事柄についてはあらかた論じたつもりであるが、これですべてが解決したわけではない。ことに孝謙にとって父聖武の存在がいかに大きかったかが痛感させられた。その意味で、聖武を論じなければ孝謙論は終わらないといってよい。引続き聖武論をまとめることを課題としている理由である。その上で、改めて古代の女帝について考えてみたいと思っている。孝謙を抜きにした女帝論はありえないし、奈良朝から平安朝への移行も、事実上最後の女帝となったこの孝謙の考察なしには不可能といってよいからである。

執筆にあたり称徳や道鏡ゆかりの地をできるだけ訪ねることを心がけたが、道鏡が流された下野（栃木県）では、称徳が道鏡を慕ってこの地にやって来たとの伝承があり、称徳を祀る神社もある。称徳のほうが先に没しているのであるから事実ではありえないが、同類の伝説や遺蹟は、北は宮城県から南は熊本県に至るまで分布している。それだけ心を寄せる人も昔からいたのである。道鏡については地元で顕彰する会があり、機関誌も出されている。ただし、称徳や道鏡を見直し、復権を図ることに異論はないが、贔屓の引き倒しになってはよくないし、それがふたたび実像を歪めることになりはしないかと、懸念する。

私事であるが、執筆の最中、八尾市に転居した。道鏡の故郷である。孝謙と道鏡の記念碑ともいうべき西京、由義宮にほど近い。その意味で本書の執筆は私の生涯にとって印象深いものとなろう。本書が孝謙研究の捨て石になれば、望外のしあわせである。大方の御叱正をお願いするものである。

長期間にわたり辛抱強く激励してくださった大岩氏にお礼申し上げるとともに、割付・校正でお手数をおかけした吉川弘文館の上野純一氏にも謝意を表したい。

平成九年十月

瀧浪貞子

著者紹介
一九四七年、大阪府に生まれる
一九七三年、京都女子大学大学院修士課程修了
現在、京都女子大学文学部教授　文学博士
主要論文・著書
平安建都　日本古代宮廷社会の研究　平安京と宮城図（共）　女帝の条件　女御・中宮・女院—後宮の再編成—

歴史文化ライブラリー
44

最後の女帝 孝謙天皇

一九九八年 八月 一日 第一刷発行

著　者　瀧浪貞子（たきなみさだこ）

発行者　吉川圭三

発行所　株式会社吉川弘文館
東京都文京区本郷七丁目二番八号
郵便番号一一三—〇〇三三
電話〇三—三八一三—九一五一〈代表〉
振替口座〇〇一〇〇—五—二四四

印刷＝平文社　製本＝ナショナル製本
装幀＝山崎　登（日本デザインセンター）

歴史文化ライブラリー

1996.10

刊行のことば

現今の日本および国際社会は、さまざまな面で大変動の時代を迎えておりますが、近づきつつある二十一世紀は人類史の到達点として、物質的な繁栄のみならず文化や自然・社会環境を謳歌できる平和な社会でなければなりません。しかしながら高度成長・技術革新にともなう急激な変貌は「自己本位な刹那主義」の風潮を生みだし、先人が築いてきた歴史や文化に学ぶ余裕もなく、いまだ明るい人類の将来が展望できていないようにも見えます。このような状況を踏まえ、よりよい二十一世紀社会を築くために、人類誕生から現在に至る「人類の遺産・教訓」としてのあらゆる分野の歴史と文化を「歴史文化ライブラリー」として刊行することといたしました。

小社は、安政四年(一八五七)の創業以来、一貫して歴史学を中心とした専門出版社として書籍を刊行しつづけてまいりました。その経験を生かし、学問成果にもとづいた本叢書を刊行し社会的要請に応えて行きたいと考えております。

現代は、マスメディアが発達した高度情報化社会といわれますが、私どもはあくまでも活字を主体とした出版こそ、ものの本質を考える基礎と信じ、本叢書をとおして社会に訴えてまいりたいと思います。これから生まれでる一冊一冊が、それぞれの読者を知的冒険の旅へと誘い、希望に満ちた人類の未来を構築する糧となれば幸いです。

吉川弘文館

〈オンデマンド版〉
最後の女帝 孝謙天皇

歴史文化ライブラリー
44

2017年（平成29）10月1日　発行

著　者　瀧浪貞子（たきなみさだこ）
発行者　吉川道郎
発行所　株式会社　吉川弘文館
〒113-0033　東京都文京区本郷7丁目2番8号
TEL　03-3813-9151〈代表〉
URL　http://www.yoshikawa-k.co.jp/

印刷・製本　大日本印刷株式会社
装　幀　清水良洋・宮崎萌美

瀧浪貞子（1947〜）

ISBN978-4-642-75444-6